Impressum

Marie Thérèse Rubin

Fibel der verlorenen Mystik: Steinbock

Hypnose; mediale Hilfe bei Rückenproblemen

Deutsche Erstausgabe

© Copyright 2012,

Rubinenergie-Verlag GmbH,

Postfach 370, 3422 Kirchberg BE, Schweiz

Alle Rechte für alle Länder vorbehalten. Jeder Nachdruck sowie jede Bearbeitung, Darstellung, Bild-, Ton- oder sonstige Ausgaben bedürfen der Genehmigung des Herausgebers.

ISBN 978-3-9523938-7-1

Die Reihe „Fibel über verlorene Mystik" wird fortgesetzt, sie befasst sich in loser Folge mit den Themen des astrologischen Tierkreises.

Die Fische-Ausgabe der „Fibel über verlorene Mystik" wird Meditation, insbesondere ihre abendländische Form, die Exerzitien, unter die Lupe nehmen. Selbsthilfe bei psychischen Problemen wie Depression, Burnout und so weiter stehen dabei im Mittelpunkt, aber auch Fragen der Transzendenz und der Mystik.

Inhaltsverzeichnis

Kommunikation mit dem
Unterbewusstsein 5

Hypnose als mediale Hilfe 5

Jede Kommunikation hat ihre Regeln 8
    Energiekörper existieren 9

Beginnt Gesundheit im Kopf, als Einbildung? 10
    Die Berliner Schule nach Virchow 13
    „Vater der Medizin" Hippokrates von Kos 14
    Samuel Hahnemann 15

Die Lehre von Dr. Edward Bach 18

Beispiel Rückenschmerzen 21
    Ursache von Rückenschmerzen 22

Astrologie 23

Zusammenfassung 26

Seelische Kommunikationsmöglichkeiten 28

Hypnose uralt und unerklärlich 30
    Ungeahntes kreatives Potential nutzen 32

Praxis der Hypnose 33

Wie formuliert man Suggestionen? 35

Beispiele bei Angst 35
Das Milton Erickson Modell 36
Hypnotische Phänomene 38
Halluzination 38
Anästhesie 39
Automatisches Schreiben 39
Charpenter-Effekt 39
Katalepsie 39
Levitation 39
Regression 40
Revivikation 40
Somnambuler Zustand 40
Wo und wie Hypnose helfen kann 41
Fehlende Befriedigung beim Kleinkind 46
Im Alter von 6 - 24 Monaten 46
Im Alter von 2 – 4-jährig 47
Im Alter von 4 – 6-jährig 47
Im Alter von 6 – 8-jährig 48
Mögliche generelle Techniken in Hypnose 48
Anker setzen 49

Allergien 49

Abnehmen (Rauchen/Alkohol) 50

Angst/Phobien 50

Schreibblockade 53

Warzen 53

Zähneknirschen 53

Hypnose bei Jugendlichen und Kindern 54

Daumenlutschen/Nägelbeissen 54

Stottern 54

Rechen- oder Schreibprobleme 55

Aggressionen 55

Selbsthypnose 55

Positive Suggestionen 56

Hilfreich bei Rückenschmerzen 56

Kann Hypnose seelische Ursachen lösen? 57

Die Autorin: Marie Thérèse Rubin 59

Bereits erschienen von Marie Thérèse Rubin: 60

Kommunikation mit dem Unterbewusstsein

Fallbeispiel; was kann Hypnose?

Frau X hat Menstruationsprobleme. Sie war während mehr als einem Jahr in ärztlicher (Hormon)Behandlung. Es steht zur Diskussion, dass die Gebärmutter entfernt werden soll. Die Frau ist 38-jährig. Ihre Monatsblutung bekommt sie alle vierzehn Tage und sie dauert jeweils fast zehn Tage. Sie ist geschieden und lebt seit kurzem glücklich mit ihrem dritten Lebenspartner zusammen. Bei der Anamnese kristallisiert sich eine stark religiös gefärbte, dogmatische Kleinkind-Erziehung heraus. Ihr Unterbewusstsein ist der Meinung, man dürfe nur *einen* lebenslangen Partner haben. Also verhindert das Körperselbst ein ungestörtes Sexualleben. Ihr Kopfbewusstsein ahnt nichts davon. Die Ersthypnose dauert ungefähr eine halbe Stunde. Frau X ist sehr motiviert und meldet sich kurz darauf zur zweiten Hypnose. Nach der fraktionierten Einleitung fällt sie schnell in einen tiefen Entspannungszustand. Wie vereinbart suggeriert die Therapeutin folgende positive Affirmativen: „Ich akzeptiere meine ganze Kraft als Frau und alle Vorgänge in meinem Körper als normal und natürlich. Ich liebe und akzeptiere mich. Es ist mein Recht als Frau meinen Partner zu wechseln und mit ihm glücklich zu sein. Wir leben im Zeitalter der Frauenbefreiung und deshalb darf ich frei und glücklich sein. Ich entspanne mich im Strom des Lebens und lasse das Leben leicht und bequem für alles sorgen, was ich brauche. Das Leben ist für mich". Nach dem Aufwecken fühlt sich die Klientin erfrischt, aufgetankt und befreit. Ihre nächste Monatsblutung stellt sich nach einem Monat ein. Seither ist ein Jahr vergangen und Frau X bekommt ihre Menstruation regelmässig einmal monatlich.

Hypnose als mediale Hilfe

Was heisst „mediale" Hilfe. Das Wort bedeutet ursprünglich Kommunikation, es ist so alt wie die Menschheit. Im Matriarchat bei den Urvölkern waren ausgewählte Frauen die ersten Medien. Als Mütter wurden sie hochverehrt und waren Informationsstellen der Gemeinschaften. Welche Rolle der Mann bei Zeugung und Fortpflanzung spielt, war damals noch nicht bekannt. Die Menschen sahen, dass die Monatsblutung einer gesunden Frau vom Mond-Rhythmus beeinflusst wird, deshalb praktizierten sie eine Naturreligion in Verbindung mit den Sternen. Alle geistigen Energien wurden personifiziert und sie verehrten zahlreiche Gottesbilder. Die Hauptfiguren waren Mutter Erde und ihre beiden Lichter, Sonne und Mond. Das damalige Weltbild gründete noch nicht auf naturwissenschaftlichen Erkenntnissen. War jemand krank oder sonst irgendwie aus dem Lot, wurden die Göttern, oder nach derzeitigem Verständnis die geistigen Energien, nach der Ursache befragt. Nur bei fehlender Kommunikationsmöglichkeit mit der geistigen Welt konnte Mangel oder Krankheit entstehen. Und wie sieht es aus in unserer Zeit? Wie steht es mit dem Informationsaustausch zwischen Bewusstsein und der Körperintelligenz, oder Kopf und dem Unterbewusstsein? Wer kommuniziert heute noch mit den Kräften der Schöpfung? Religiöse Menschen lehnen dies oft sogar als „gottlos, heidnisch"[1], unchristlich" ab. Lebten Naturvölker, die in Symbiose mit der Natur und den Schöpfungskräften waren, wirklich, wie oft behauptet wird, areligiöser als neuzeitliche Menschen? Wie geht man heute mit dem Leben um? Die Spitzenmedizin kann bei chronischen Problemen nicht dieselben Erfolge aufweisen wie bei der Akutbehandlung. Sie verkennt die Bedeutung der geistigen Kommunikation. Das Wort „medial"[2] wird in der Heilkunst benützt,

---

1   In der christlich-europäischen Tradition dient der Begriff Heide als Sammelbezeichnung für die jeweils anderen, also diejenigen, die ausserhalb der eigenen christlich-trinitären Traditionen stehen. Der Begriff diente ursprünglich als polemische Kategorie zur Abwertung des anderen, dem die Zugehörigkeit zu einer Religion abgesprochen wird. Eng verknüpft ist damit die Vorstellung der falschen Religion. Je nach Kontext kann deshalb Heide und Heidentum unterschiedliche Bedeutung annehmen. Zeitweise wurden als Heiden alle anderen ausserhalb des Christentums benannt, im Zuge der Reformation und der Konfessionalisierung wurde auch die jeweils andere Konfession als heidnisch bezeichnet. Der semantische Gehalt des germanischen Wortes Heide überlappt sich dabei mit der Bedeutung des lateinischen paganus, des Landbewohners, der im begrifflichen Gegensatz zum Stadtbewohner steht. Quelle: Wikipedia

2   „zur Mitte hin gelegen" in der Medizin

aber nur als anatomische Lage- und Richtungsbezeichnung. Als Ortsangaben stimmt die Bezeichnung, es geht um das was „in der Mitte" liegt; das energetische Geistwesen. Das Seelenwesen hat als „Kleid" den organischen Leib angezogen. Im Innern eingeschlossen, durch das omnipräsente logische Denken, hat es wenig Ausdrucksmöglichkeit. Am ehesten ist ein Kommunikationsaufbau über das Unterbewusstsein, welches die Körperfunktionen steuert, möglich. Das Körperselbst versucht dann mit Spannungen, Schmerzen oder Organstörungen die Aufmerksamkeit des Egos zu erreichen. Oft verpuffen diese Signale jedoch in die Leere, Symptome werden behandelt oder beseitigt, ohne deren Botschaft zu beachten. Man wirft die „ungelesene Zeitung ins Feuer, damit sie verbrennt". Dadurch erschafft die Persönlichkeit die Ursache zur Wiederholung des Hinweises, er tritt als sogenanntes Symptom, in der Regel in leicht veränderter und verstärkter Version immer wieder in Erscheinung; die chronische Krankheit entsteht. Die Akutmedizin beseitigt das Symptom, ohne nach dem tieferen Sinn zu fragen und somit kann ein endloser Kreis von Leiden entstehen. Die Psychologie geht einen Schritt weiter, sie forscht betreffend der Ursache im Unterbewusstsein, erreicht allerdings selten seelische Probleme, da für sie die Seele nicht fassbar ist. Geist ist göttlich und unfehlbar, die Seele ist sein „Fahrzeug", hat den freien Willen und kann auch fehlgehen.[3] Sensible Menschen, mit einem hohen Seelenbewusstsein in diese Welt geboren, sind sich dessen oft nicht bewusst. Die Ursache ihrer Probleme liegt selten bloss in der Psyche der Persönlichkeit, stattdessen im tieferen, seelischen Bereich. Ihre Seele möchte sich trotz aller Widerstände des modernen Lebens wieder mit der Urschöpfung verbinden. Da sie feinfühlig sind, werden sie nicht nur von eigenen Gefühlen und Gedankenformen belastet, sondern nehmen wegen ihrer Durchlässigkeit unbewusst von anderen Energie auf, welche dann Stressprobleme verursachen.

Seelenkommunikation

Wie kann der fehlende Informationsaustausch mit der Seele, mit den Schöpfungsenergien wieder hergestellt werden? Die alten Völker haben es uns vorgelebt, geistige Kommunikation

---

[3] Dr. Bach hat dies erkannt und eine Seelentherapie entwickelt (siehe Seite 18)

benützt oft Rituale.[4] Gemäss der Bedeutung des Wortes ist heute mehrheitlich nur noch ihr äusserer Symbolgehalt bekannt. Geistige Rituale sind jedoch viel mehr, die äussere Form ist ihnen zweitrangig, wichtig ist ihnen der Inhalt; die Bewusstseinshaltung. Rituale arbeiten meistens mit Symbolen, das sind Bilder, welche das Unterbewusstsein ansprechen. Das Tagesbewusstsein der heutigen Menschen ist mehrheitlich im logischen Denken verankert und kann sich nicht direkt mit dem Seelenbewusstsein verbinden. Die Seele „wohnt" im inneren, geistigen Menschen.

Jede Kommunikation hat ihre Regeln

Wie wollen Sie beispielsweise mit einem Bekannten jenseits des Ozeans, in Amerika, sprechen, ohne Verstärkung durch Telefon, Fax, Funk, Radio, TV, Internet oder ohne telepathische Fähigkeiten? Sie können vor Ihrem Haus in Europa so laut und lange schreien, wie Sie möchten, ihr Bekannter wird Sie nicht hören.

Ähnlich verhält es sich mit dem Intellekt, er versucht, ohne Verstärkung respektive ohne Verbindung, das Seelenbewusstsein zu erreichen und scheitert immer wieder, gesteht sich das aber nicht ein. Er meint, er sei der Chef, ist es aber nicht. Obwohl der IQ[5] in unserer Gesellschaft eine zentrale Rolle spielt und die Begriffe intellektuelle Leistungsfähigkeit und Intelligenz[6] zusammen gebraucht werden, sind sie nicht dasselbe. Der Intellekt

---

4   Ein Ritual (Lateinisch ritualis, „den Ritus betreffend") ist eine nach vorgegebenen Regeln ablaufende, meist formelle und oft feierlich-festliche Handlung mit hohem Symbolgehalt. Sie wird häufig von bestimmten Wortformeln und festgelegten Gesten begleitet und kann religiöser oder weltlicher Art sein. Quelle: Wikipedia

5   Der Intelligenzquotient (IQ) ist eine Kenngrösse zur Bewertung des allgemeinen intellektuellen Leistungsvermögens (Intelligenz) eines Menschen. Er wird mit einem Intelligenztest ermittelt, dessen Ergebnis mit denen von Personen im selben Zeitraum und in ähnlichem Alter verglichen wird. Quelle:Wikipedia

6   Intelligenz (Lateinisch intelligentia „Einsicht, Verständnis, Begriff, Idee", von Lateinisch legere, „zusammennehmen, ins Auge fallen, aussuchen") ist in der Psychologie ein Sammelbegriff für die kognitive Leistungsfähigkeit des Menschen. Da einzelne kognitive Fähigkeiten unterschiedlich stark ausfallen können und keine Einigkeit besteht, wie sie zu bestimmen und zu unterscheiden sind, gibt es keine allgemein geteilte Definition der Intelligenz. Quelle: Wikipedia

gehört zur natürlichen Persönlichkeit des Menschen und wird trainiert und geschult. Die Intelligenz (Ethik) ist mehr als nur kognitive Fähigkeit, sie entspricht dem inneren Wissen der Seele und ist Teil des geistigen Wesens, oder des inneren Menschen.

Energiekörper existieren

Es gibt ein geistiges Gesetz, wonach der Mensch den freien Willen besitzt. Wie es in der Bibel erklärt wird. In alten Fassungen wird sogar das Vorhandensein der, von der Naturwissenschaft bestrittenen, Energiekörper erwähnt. Im Katechismus des Konzils von Trient von 1761 steht:

„Zuletzt bildete er aus dem Lehm der Erde den Menschen. Und zwar war dieser dem Leib nach so beschaffen und eingerichtet, dass er nicht Kraft seiner Natur, sondern durch die Gunst Gottes unsterblich und leidensunfähig war. Die Seele aber schuf er nach seinem Bild und Gleichnis und stattete sie mit freiem Willen aus. Ausserdem ordnete er alle Regungen der Seele und Begierden, so dass sie dem Gebote der Vernunft stets gehorchten. Dann fügte er noch das wunderbare Gnadengeschenk der ursprünglichen Heiligkeit hinzu und wollte, dass er alle übrigen Lebewesen beherrsche".

Mit dem Leib aus Lehm kann nicht der stoffliche, fleischliche Leib, der weiter oben als „Kleid" des Menschen bezeichnet wird, gemeint sein. Dieser Leib entsteht, Kraft seiner Natur, durch menschliche Zeugung, er ist sterblich und leidensfähig. Es wird damit der energetische Leib, welcher der persönliche Energiekörper und das Bewusstsein des „Kleides" ist, beschrieben. Dieses Bewusstsein ist Wohnsitz des Intellektes und des Unterbewusstseins, der Psyche.[7] Die Seele hat ein höher schwingendes Bewusstsein. Sie ist in Verbindung mit dem höheren Selbst, kann aus dem Reservoir der Heilkraft schöpfen und die Selbstheilungskraft aktivieren. Warum geschieht das nicht in jedem Fall automatisch? Der Wohnort der Seele ist im Unbewussten, hinter oder über dem Unterbewusstsein. Dieses besteht aus gespeicherten Lebenserfahrungen der Persönlichkeit. Es reagiert triebhaft. Sind

---

7 Im Buch „Die heiligen drei Geheimnisse" der Autorin wird die Natur der Energiekörper und der beiden Bewusstsein ausführlich erklärt.

starke Schuldgefühle vorhanden, entstehen dadurch oft Selbstbestrafungsprogramme. Dann blockiert das Unterbewusstsein und simuliert den Seelenkontakt, da dies das intellektuelle Denken nicht fühlen kann, lässt es sich in solchen Fällen täuschen und die verlangte (echte) Kommunikation kommt nie zustande. Genauso wie der Intellekt sich als „Herr im Hause" aufspielt, tut dies sein unbewusster Anteil auch. Das Unterbewusstsein stellt sich dann über die Seele und über den Intellekt, täuscht das Bewusstsein und führt selber Regie. Deshalb funktioniert Mentaltraining nicht immer. Sogar die Jünger von Jesus sind an dieser Klippe verzweifelt und haben ihn gefragt, wie es zu unterscheiden sei, ob man mit dem Unterbewusstsein oder mit dem Seelenbewusstsein verbunden sei. Die Antwort von Jesus, dem Christus, lautete:

„...an ihren Früchten werdet ihr sie erkennen...".

Bei alten Tarot-Karten wird der Intellekt als Hund symbolisiert dargestellt; er ist der beste Freund des Menschen, solange dieser, der Besitzer, Meister bleibt. Wo liegt nun aber die Ursache von Krankheit; im Unterbewusstsein, im Kopf?

Beginnt Gesundheit im Kopf, als Einbildung?

Einbildung bedeutet ein Bild verinnerlichen. Das Unterbewusstsein arbeitet mit Bildern, das Bewusstsein kann intellektuelle Werte wie beispielsweise Sprache verstehen. Was hat dies mit Krankheit zu tun? Wie wird der Körper gesteuert?

Biochemische Reaktionen werden im Gehirn ausgelöst, wo aber befindet sich das Unterbewusstsein, im Bauch, dort, wo wir die Gefühle spüren? Wo genau im Magen, im Darm, in der Bauchspeicheldrüse, in der Leber, in der Milz oder in der Blase, Niere? Was wissen die Forscher darüber?

Informationen aus der Psyche werden in Hormone umgewandelt (neuroendokrine Informationsumwandlung) und sind dann Neuropeptide, sogenannte Botenmoleküle. Der Hypothalamus steuert das Neuropeptidsystem. Dieser ist der facettenreichste Kanal für Informationsumsetzung und das zustandsabhängige Erinnern. Er regiert aber auch das Immunsystem und er lenkt das vegetative Nervensystem (Hunger, Durst, Blutdruck, Puls, Sex). Der Hypothalamus ist kein Organ, sondern eine Region im limbischen System im Gehirn. Also liegt das Unterbewusstsein eher im Kopf, obwohl Gefühle im Bauch auftreten.

Botenmoleküle sind Nervenimpulse aus der Psyche, deshalb spielt es für das Immunsystem eine Rolle, wie sich der Mensch psychisch fühlt oder was er denkt oder sich einbildet. Einbilden heisst somit, ein Gedanke ist so intensiv, dass er als Bild im Unterbewusstsein gespeichert wird. Das starke Immunsystem verhindert Krankheit und es wird gestärkt durch richtiges Denken und Fühlen.

Ein neues (altes) Denksystem geht davon aus, dass der Körper vom übergeordneten Energiekörper gesteuert wird. Die alten Chinesen hatten erkannt, dass der Körper auf nichtmateriellem Weg geheilt werden kann. Sie wussten, dass jedes Organ ein bestimmtes Schwingungsfeld hat und dass das komplexe Biosystem Mensch, Informationen nicht nur über Nervenfasern und Blutbahnen austauscht, sondern auch auf direktem Weg von Organ zu Organ über energetische Leitbahnen; die Meridiane. Zahlreiche Therapien arbeiten heute mit diesen Leitbahnen, die bekannteste davon ist die Akupunktur. Die Meridiane sind nur beim lebendigen Körper aktiv, im toten Körper sind sie erloschen. Da die (junge) Schulmedizin ihre anatomischen Kenntnisse anhand Toter erwirbt, hat sie diese bisher nicht anerkannt. Das Energiesystem der Meridiane ist ein Teil des elektromagnetischen Energiekörpers, auch Bewusstsein genannt, der dem materiellen Leib übergeordnet ist. Heutige physikalische Erkenntnisse beweisen die Existenz dieses Energiekörpers. Allerdings sind die Naturwissenschaftler überzeugt, dieser werde vom fleischlichen Körper erzeugt. Ohne Energiekörper könnte der physische Körper den Auf- und Abbau der Körperzellen gar nicht bewältigen; pro Sekunde müssen sieben bis zehn Millionen Zellen erneuert werden. In jeder Sekunde finden 30 Billiarden biochemische Reaktionen im Körper statt.

Durch den elektromagnetischen Energiekörper lassen sich die Wirkungsweise von Homöopathie, Bachblütentherapie, Farbtherapie, Kinesiologie, Shiatsu und vielen weiteren alternativen Heilweisen erklären. Auch geistiges Heilen, ob von aussen oder von der eigenen Seele ausgehend, benützt die subtilen „Känale" des Energiekörpers.

Wer wird krank; die Seele, der Körper, die Psyche?

Viele Menschen reden von Krankheit so, wie Karikaturen manchmal die Spitalsprache vorstellen: der Blinddarm auf Nr. 6, der Herzinfarkt in Zimmer 9 oder der Beinbruch in Zimmer 20. Sie sind Anhänger der rein materialistischen Auffassung von Krankheit, für sie ist der menschliche Körper eine Bio-Maschine. Woher stammt diese Auffassung? Aus ganzheitlicher Sicht stellt sich die Frage: Was verursacht Krankheit, wer ist krank, die „Maschine" Körper, der Mensch, die Seele? Wie erklären dies die verschiedenen überlieferten und aktuellen Medizinzweige?

Die traditionelle chinesische Medizin reicht 5'000 Jahre unserer Zeitrechnung zurück, sie ist die älteste bekannte Lehre. Sie erklärt die Entstehung der Krankheit infolge eines Ungleichgewichts: „Es ist immer ein Zuviel oder Zuwenig, welches das Chaos verursacht". Krankheit entsteht nach dieser Lehre entweder durch innere Ursachen, äussere Einflüsse oder Vererbung. Äusserlich heisst: Zu viel oder zu wenig Hitze, Kälte, Wind; oder zu starke Bakterien oder Viren. Die inneren Ursachen sind gestaute, oder zu starke Emotionen positiver oder negativer Art. Mit dieser Auffassung von Krankheitsverursachern stimmt die traditionelle chinesische Medizin mit unserer Schulmedizin mehr oder weniger überein. Wie ist unsere Schulmedizin eigentlich entstanden?

Urväter der Medizin

Hippokrates von Kos, Virchow, Paracelsus, Hahnemann

Die Berliner Schule nach Virchow

Rudolf Ludwig Karl Virchow (* 13. Oktober 1821 in Schivelbein, Pommern; † 5. September 1902 in Berlin) war Arzt an der Berliner Charité, Archäologe und Politiker (Deutsche Fortschrittspartei). Er gilt unter anderem (in der Tradition von Giovanni Battista Morgagni) als Gründer der modernen Pathologie. Er war Vertreter einer streng naturwissenschaftlich und sozial orientierten Medizin.

In der sogenannten „Berliner Schule", wo die Grundsätze der derzeitigen Krankheitsbehandlung formuliert wurden, gelten dieselben Ursachen für Krankheit wie bei der chinesischen Medizin. Nach dieser materialistischen Auffassung ist zuerst der Körper krank, dann kann eventuell die Psyche folgen. Die Verursacher sind demzufolge dieselben, nur der Anstoss ist verschieden. Westliche Schulmedizin sucht den Krankheitsgrund in entarteten Zellen, Genen, oder eben bei Viren oder Bakterien. Grund und Ursache sind materieller Art. Die Quelle der Krankheit liegt, wie bei der chinesischen Lehre, in äusseren oder inneren krankmachenden, physischen Einflüssen oder in der Vererbung.

Bei den alten Chinesen vor fünftausend Jahren, erhielt der Arzt übrigens sein Honorar nur so lange, wie sein Patient gesund war. Zur Zeit der Entstehung der alten Lehre war der Körper in China heilig. Ärzte durften ihre Patienten nicht entkleiden und keine toten Körper sezieren. Ihre Kenntnisse stützten sich nur auf die Beobachtungen der Reaktionen des Kranken. Diese alte Sichtweise war eigentlich ganzheitlicher als die modernen Untersuchungsmethoden.

In China war die traditionelle Medizin (TCM) bis vor kurzem praktisch in Vergessenheit geraten. Erst durch das Interesse der westlichen Welt blühte sie wieder auf. Grundsätzlich wird bei TCM auf zwei Arten behandelt: Entweder auf chemische Art, durch Arzneien, die aus natürlichen Pflanzen gewonnen werden oder auf energetische Art, durch An-Mo auch Tui-Na (mit Fingerdruck) und durch Akupunktur (mit Nadeln). Der Gemütszustand wird bei dieser Methode auch berücksichtigt, da emotionelle Probleme als energetisches Ungleichgewicht und somit als Krankheitsursache betrachtet werden. Unsere Schulmedizin und die TCM lassen beide den seelisch/göttlichen Aspekt ausser Acht. Allopathie verarztet chemisch/chirurgisch, TCM chemisch/energetisch. In der wissenschaftlichen westlichen Medizin werden Organe und Zellen, in der TCM Organgruppen und Energiekreise behandelt.

Wo spricht die Geschichte der Medizin von seelisch/göttlichen Aspekten? Wo finden wir in der Geschichte der Medizin die seelisch/göttlichen Aspekte? Beginnen wir beim Vater der Medizin:

„Vater der Medizin" Hippokrates von Kos

Hippokrates spricht vom Vitalgeist, der durch die vier Säfte wirkt, dieses System benützt auch die traditionelle chinesische Medizin. Die Ursachen der Krankheiten sind auch hier körperlich materiell. Hippokrates von Kos (460 - 375 v.Chr.) war der berühmteste Arzt des Altertums und gilt als Begründer der Medizin. Nach ihm wurde auch der „Eid des Hippokrates", der Schwur der Ärzte auf medizinische Ethik, benannt. Seine Sichtweise war, wie bei Virchow und der heutigen Medizin, nur auf den materiellen, fleischlichen Körper bezogen.

Der Schweizer Arzt Paracelsus

Erst der Schweizer Arzt Paracelsus bezieht sich auf den göttlichen Teil im Menschen. Der erste Teil des Menschen ist sein äusserer, physischer Körper. Der zweite Teil besteht aus dem Archäus[8], dieser verbleibt bis zum Tod am Körper, er reguliert

---

8   Paracelsus meint damit den Ätherleib

Wachstum, Aufbau und Auflösung. Wenn alles normal und in Balance ist, sind wir gemäss dieser Definition gesund. Paracelsus wusste, dass Krankheit nicht bestehen kann, wenn der mentale und spirituelle Aspekt in Harmonie ist. Paracelsus eröffnete der Medizin eine neue Dimension. Er wurde allerdings von seinen Berufskollegen ausgelacht und verfolgt, die Bedeutung seiner Lehre wurde lange Zeit verkannt.

Philippus Theophrastus Aureolus Bombastus von Hohenheim, getauft als Theophrastus Bombastus von Hohenheim, genannt Paracelsus (* vermutlich 10. November 1493 in Egg bei Einsiedeln (Schweiz); † 24. September 1541 in Salzburg), war ein Arzt, Alchemist, Astrologe, Mystiker, Laientheologe und Philosoph.

Samuel Hahnemann

Gut 200 Jahre später brachte ein grosser Visionär neues Wissen und grossen Fortschritt in die Medizin. Christian Friedrich Samuel Hahnemann (* 10. April 1755 in Meissen; † 2. Juli 1843 in Paris) war ein deutscher Arzt, medizinischer Schriftsteller und Übersetzer. Er ist der Begründer der Homöopathie. In Eigenversuchen hat er die Wirksamkeit von homöopathischen Arzneien getestet und den Begriff Homöopathie erstmals 1805 öffentlich erwähnt und somit geprägt. Der Begriff „Homöopathie" stammt aus der griechischen Sprache und kann mit „ähnliches Leiden" übersetzt werden. Eine Erkrankung wird mit einer kleinen Menge eines Naturstoffs behandelt, die, am gesunden Menschen in grösserer Dosis verabreicht, zu ähnlichen Symptomen führt, wie die zu behandelnde Störung. Dadurch wird die seelische Selbstheilungskraft des Körpers angeregt.

Hahnemann erkannte, dass die Ursache von Krankheit stets eine Verstimmung der Lebenskraft ist und diese mit feinsten Reizen stimuliert werden kann. Er sagte: „Behandle den Menschen und nicht die Krankheit". Mit diesem Ausspruch ging auch Dr.

Eduard Bach, der Erfinder der Bachblütentherapie, einig. Doch wo liegt nun die wirkliche Ursache von Krankheit? Weshalb konnte eine Mutter Teresa mit höchst ansteckenden Kranken zusammen sein, ohne sich selbst anzustecken? Die Schulmedizin erklärt dies mit einem starken Immunsystem, aber warum ist es kräftiger als andere?

Psychische Gründe:

Welches ist die psychologische Hauptursache aller Erkrankungen? Angst - ist wohl die verbreitetste Ursache sämtlicher Krankheiten. Sie entsteht in der Psyche, wird über Botenmoleküle im Hypothalamus in Hormone umgewandelt und schwächt das Immunsystem.

Es kann auch in der Seele sein:

Paracelsus und Hahnemann lehrten, dass der Krankheit nicht zu viel Beachtung geschenkt werden soll, in dem Wissen, dass sie verschwinde, wenn das spirituelle und das mentale Wesen des Menschen in Einklang seien. Hahnemann erkannte, wie Homöopathie bei Störungen diese Harmonie zu erstellen vermag. Das Denkmodell, dass Krankheit durch die Trennung der Persönlichkeit von der Seele verursacht wird, hat Dr. Bach formuliert. Er sagte:

"Wenn wir über das Hahnemann Gesetz nachdenken, kommen wir zu der Erkenntnis, dass es die Krankheit selbst ist, die durch "Gleiches heilt Gleiches" geheilt wird, denn Krankheit ist die Folge von falschem Tun". "Gleiches heilt Gleiches" darum, weil wir durch die Krankheit in unserem Tun gestoppt werden. Sie hindert uns darin, unsere falschen Taten zu weit zu führen, zu weit vom Weg unserer Seele abzukommen, uns zu sehr im Dschungel der Illusion der Trennung zu verlieren".

Krankheit sei somit keine Strafe, sondern eine wertvolle Korrektur. Sie sei das Ergebnis von falschem Tun und Denken, sie höre auf, wenn Tun und Denken wieder in Ordnung gebracht sind. Wenn die Lektion von Schmerz und Not gelernt sei und sich die Persönlichkeit auf dem Weg der Seele befinde, verlieren gemäss Dr. Bach, Leid und Not ihren Daseinszweck und verschwinden in der Regel automatisch (ausser ein bewusster Mensch habe freiwillig Karma eines anderen übernommen).

Dr. Bach vertrat die Meinung:

- Sofern ein kranker Mensch sich entschliesse, mit dem Arzt vertrauensvoll zusammenzuarbeiten und den echten Wunsch verspüre gesund zu werden, gebe es kein Leiden, das (theoretisch) nicht heilbar wäre!

- Die Angst vor Krankheit sei die Hauptursache all unserer körperlichen Leiden und der grösste Hinderungsgrund im Gesundungsprozess.

- Behandlung auf körperlicher Ebene bringe Erleichterung bei den Symptomen einer Krankheit, sie schalte aber nicht die eigentliche Ursache, den negativen Gemütszustand, entstanden durch die Trennung Seele – Persönlichkeit, ab.

- Gesundheit bedeute: Die Persönlichkeit sei vollkommen im Einklang mit der Seele, als Teil der grossen Einheit; die universelle Schöpfungsenergie könne sich durch die Seele und das Höhere Selbst in der Persönlichkeit ausdrücken.

- Die Angst vor Krankheit sei die Hauptursache all unserer körperlichen Leiden und der grösste Hinderungsgrund im Gesundungsprozess. Behandlung auf körperlicher Ebene bringe Erleichterung bei den Symptomen einer Krankheit, sie schalte aber nicht die eigentliche Ursache, den negativen Gemütszustand, entstanden durch die Trennung Seele - Persönlichkeit ab.

Definition Gesundheit

Die Persönlichkeit sei vollkommen im Einklang mit der Seele, als Teil der grossen Einheit; die universelle Schöpfungsenergie könne sich dann durch die Seele und das Höhere Selbst in der Persönlichkeit ausdrücken.

Die Lehre von Dr. Edward Bach

Die Bachblütentherapie ist eine in den 1930er Jahren vom britischen Arzt Edward Bach (1886 – 1936) begründetes und nach ihm benanntes Heilverfahren. Nach Dr. Bach beruht jede körperliche Krankheit auf einer seelischen Gleichgewichtsstörung. Die Ursache dieser Störung sah er in einem Konflikt zwischen der unsterblichen Seele und der Persönlichkeit und er glaubte, eine Heilung könne nur durch eine Harmonisierung auf dieser geistig-seelischen Ebene bewirkt werden. Bach beschrieb zunächst neunzehn Gemütszustände, erweiterte das Repertoire dann aber auf 38 disharmonische Seelenzustände der menschlichen Natur". Diesen ordnete er Blüten und Pflanzenteile zu, die er in Wasser legte und der Sonne aussetzte oder kochte und so die „Schwingungen" übertrug. Aus diesen Urtinkturen werden anschliessend durch starke Verdünnung die sogenannten Blütenessenzen hergestellt.

Dr. Bach war Bakteriologe und hatte eine gutgehende Praxis in London. Er entwickelte Nosoden[9] und konnte vielen Menschen helfen, trotz grosser Erfolge war er mit seiner Behandlung nicht

---

9   Nosoden (vom Griechischen, nosos für ‚Krankheit') sind homöopathisch aufbereitete Mittel, die aus „krankem" oder pathologischem Material wie Blut, Eiter, Krankheitserregern oder Krebszellen hergestellt werden. Produkte aus körpereigenen Bestandteilen wie Zellen aus Organen oder vom Körper hergestellte Sekrete oder Exkrete, wie etwa Hormone, werden ebenfalls hinzugezählt. Quelle: Wikipedia

zufrieden. Als spiritueller Mensch war es für ihn keine Frage, dass der Mensch eine Seele besitzt und in seinem Ursprung göttlich ist. Durch die Einsicht der Einheit ging Bach einen Schritt weiter als die Homöopathie. Er war überzeugt, dass Heilung nicht erlangt werde durch Bekämpfen und Abwehren des Falschen, sondern indem Rechtes - Falsches, Gutes - Böses und Licht - Finsternis ersetze. Solange Harmonie herrsche zwischen Seele und Persönlichkeit, erlebe der Mensch Freude, Frieden, Glück und Gesundheit. Alles bilde eine Einheit, der Schöpfer sämtlicher Dinge sei die Liebe, und was auch immer wir uns bewusst sind, sei in seiner unendlichen Formenvielfalt die Offenbarung jener Liebe. Er schrieb:

„Krankheit wird mit den gegenwärtigen materialistischen Methoden niemals geheilt oder ausgerottet werden, aus dem einfachen Grund, weil Krankheit in ihrer Ursache nicht materialistisch ist. Krankheit ist dem Wesen nach die Auswirkung von Konflikten zwischen Seele und Gemüt und kann niemals anders als durch spirituelle und mentale Bemühungen ausgemerzt werden. Keine allein auf den Körper ausgerichtete Bemühung kann mehr als Schäden oberflächlich reparieren, und darin liegt keine Heilung, da die Ursache immer noch wirksam ist und zu jedem Zeitpunkt ihre Präsenz wieder in einer anderen Form manifestieren kann."

Aber wenn die Seele vollkommen, göttlich und unsterblich ist, warum braucht es dann eine Seelentherapie, reicht es nicht, wenn ich anerkenne, dass ich ein Teil der Einheit bin? Dr. Bach sagte dazu; „Was wir als Krankheit kennen, ist eine viel tiefer liegende Störung der Ordnung und um einen völligen Heilerfolg sicherzustellen, wird also die Behandlung des Endergebnisses nicht ausreichen, solange nicht auch das innere Problem beseitigt ist".

Dr. Edward Bach sagte, die grundlegende Ursache der Erkrankung sei die Abwendung der Persönlichkeit von der Seele. Aber es gebe unzählige Formen von Krankheit, entsprechend vielfältig sei die Art der Entzweiung. Die eigentlichen Grundkrankheiten des Menschen seien Fehler wie Stolz, Grausamkeit, Hass, Eigenliebe, Unsicherheit, Habgier, denn jeder dieser Züge sei eine Form der Trennung von der Einheit.

Psychologie der Krankheit, gemäss Dr. Bach[10]

Stolz: Nicht Erkennen der wirklichen Kleinheit der Persönlichkeit und ihrer völligen Abhängigkeit von der Seele – könne Krankheiten mit Starrheit und Steifheit erzeugen.
Grausamkeit: Leugnet die Einheit aller Dinge – könne mögliche Ursache von Schmerzkrankheiten sein.
Hass/Eigenliebe: Gegenteil von Liebe, leugnet den Schöpfer – können, nach Dr. Bach, Ursachen folgender Probleme sein: Einsamkeit, Krankheiten der Nerven, hysterische Zustände, Neurosen, Herzkrankheiten
Unwissenheit: Das Versäumnis zu lernen, Weigerung, die Wahrheit zu sehen – könne Ursache von Schwierigkeiten im Alltag, Krankheiten der Augen und Ohren sein.
Unsicherheit: Sich nicht vom höheren Selbst leiten lassen – könne Ursache von Störungen der Bewegung und Beeinträchtigung der Koordination sein.
Habgier: Führe zu Machtgier, leugne die Freiheit und Individualität der Seele – könne Ursache von Krankheiten, die den Leidenden zum Sklaven seines Körpers machen, sein.
Dr. Bach hat ausserdem *sieben Grundprinzipien* erwähnt, die, je nach Lektion, die zu lernen ist, in die Irre führen können. Er sagte: Ein Mensch könne - je nach Lektion, die es zu lernen gebe - bezüglich jedes sieben der folgenden Prinzipien irregehen:

- *Macht*: Tyrann, Autokrat, Effekthascher
  Intellektuelles Wissen: Magier, Zerstörer, Satyr
  Liebe: Inquisition, Hass, Rausch
  Ausgeglichenheit: Ekstatiker, Wetterfahne, Hysteriker
  Dienen: selbstgerecht, Egoist, Schäker
  Weisheit: agnostisch, Narr, Clown
  Geistige Vollkommenheit: Schwärmer, Puritaner, Mönch

---

10 Wie schon erwähnt, vertrat Dr. Bach die Meinung, dass Krankheit niemals Strafe, sondern immer Chance und Korrekturmöglichkeit sei. Aus seelisch/geistiger Sicht stimmt Aussage, sie stösst jedoch, wie all seine nachfolgenden Hinweise, beim heutigen psychologischen Wissensstand auf Widerstand. Dr. Bach sprach aus dem Panoramablick des ewigen kosmischen Seelenbewusstseins und nicht aus dem Blickwinkel der irdisch/menschlichen Persönlichkeit, welcher sich nur auf ein Leben bezieht. Das Seelenbewusstsein, das keine Strafe kennt, ist nicht bei allen Menschen gleichermassen erweckt. (Siehe „Die heiligen drei Geheimnisse" von der Autorin)

Alle Begriffe gelten selbstverständlich für Männer und Frauen gleichermassen. Diese Aufzählungen sind nur als Hinweise oder Richtungsweiser zur Erforschung der Form der Trennung zu werten, sie sind niemals als absolute Krankheitsursachen aufzufassen!

Die Philosophie der Bachblütentherapie entspricht einer energetischen Seelentherapie. Der Begründer wollte, dass seine Blütenmischung in jeder Hausapotheke stehe. Er erklärte, dass die Selbstheilung vom höheren Selbst, dem Seelenbewusstsein, gesteuert werde, es wirke ähnlich der Sonne, die alten Schnee wegschmelze. Manchmal sei die Sonne jedoch zu schwach und die Bachblütenessenzen stärke sie. Aus dieser Sicht gesehen, können die entsprechenden Blüten auch intuitiv, ohne psychologische Kenntnisse, ausgewählt werden und sie wirken dadurch nicht weniger.

Beispiel Rückenschmerzen

Die obenstehenden Aufzählungen sind nicht unbedingt dazu geeignet, Ursache von körperlichen Leiden zu finden. Der Ursprung von Rückenschmerzen kann beispielsweise schlecht definiert werden. Je nach charakterlicher Prägung hat der Mensch sich selbst gegenüber eine rosarote oder eine schwarze Brille aufgesetzt, selten wird er die richtige psychische Ursache auf Anhieb finden. Er braucht eine Neutralisation, einen Weg, bei welchem der Intellekt und vorgefasste Meinungen nicht dazwischenfunken können. Er benötigt eine ungestörte Kommunikationsmöglichkeit mit seiner Seele und dem höheren Selbst, wie es der Abschnitt „Seelische Kommunikationsmöglichkeiten" (auf Seite 28)

erklären wird. Wie kommt der Mensch in Verbindung mit der geistigen, göttlichen Welt? Der direkte Weg vom Kopfbewusstsein über das Unterbewusstsein, ist, je nach dessen Speicherinhalt, nicht immer möglich. Wenn das Unterbewusstsein Selbstbestrafungsprogramme oder starke Schuldgefühle hat, blockiert es. Da das Unterbewusstsein Teil des materiellen Intellekt ist, muss dieser loslassen. Das geht auf irrationalem Weg, wenn der Intellekt für etwas keine Erklärung mehr findet, dann gibt er seine Vormachtstellung auf und lässt die Kontrolle los. Deshalb benutzten unsere Vorfahren Rituale, sie beinhalten einen geregelten wahrnehmbaren Teil, haben eine irrationale Komponente und sie setzen Energien frei. Diese Energien werden mit sichtbaren, erfahrbaren Dingen der Natur konditioniert. Neutrale Bindungen sind dabei vorzuziehen, denn das Unterbewusstsein ist neugierig und befasst sich gerne mit neuen, noch ungespeicherten Inhalten. Rituale führen allerdings nicht zwingend auf die Seelenebene. Meditation, vor allem in Form von Exerzitien, ist eine gute Alternative zu Ritualen.

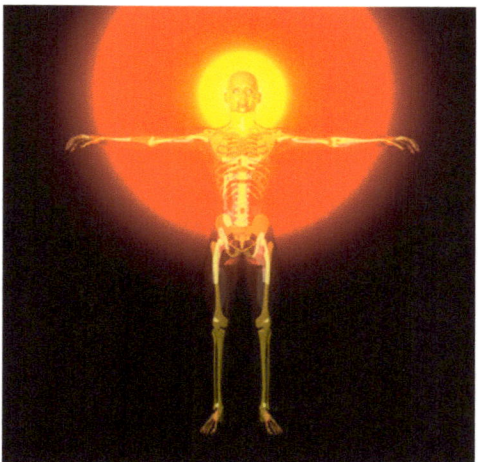

Ursache von Rückenschmerzen

Die abendländische Astrologie bietet eine ausgezeichnete und stimmige Symbolvielfalt für die Ursachenforschung, sie ist mit der Natur verbunden, ihre Symbole liegen ausserhalb von menschlichen Erfahrungen. In der Aussage stimmt sie mit der alten chinesischen Astrologie überein, nur die Namensgebung und äussere Form sind anders. Beide arbeiten mit denselben Energien, nennen sie bloss verschieden. Astrologisch lassen sich Rückenprobleme ziemlich eindeutig zuordnen; das Knochengerüst der Wirbelsäule entspricht dem Symbol Saturn oder Steinbock. Alle Saturnentsprechungen belasten den Rücken; durch zuviel Härte verliert die Wirbelsäule ihre natürliche Biegsamkeit, wird starr und schmerzt. Es ist dabei nicht unbedingt wichtig zu wissen, wo die Saturnprägung im eigenen Horoskop vorherrscht, sondern es geht bei der Problemminderung darum, generell das Lernziel von Saturn anzustreben.

Astrologie

Astrologie entspricht dem Uranusprinzip, auf welches in einer späteren Ausgabe noch näher eingegangen wird.

Saturn ist das begrenzende Urprinzip; seine Haupteigenschaften sind: Sicherheit, Struktur, Verantwortung, Kristallisation, Konzentration. Wenn unsere Sonne sich im Tierkreiszeichen Steinbock (Herrscher Saturn) befindet, wird das Urprinzip Saturn verstärkt, der jährliche Zeitpunkt ist: 22. Dezember bis 21. Januar. Die Umlaufbahn von Saturn dauert ungefähr dreissig Jahre, im eignen Horoskop wird deshalb dieses Prinzip in diesem Rhythmus verstärkt, egal, wo es steht.

Psychologisches Motto: Verantwortung übernehmen.

Der Saturn-Typus ist verantwortungsbewusst, ausdauernd, systematisch, sachlich-trocken, grundsatztreu, reserviert, geduldig. Er ist zu harter Arbeit, Ausdauer und Selbstdisziplin fähig, trägt Verpflichtungen, hält sich an Hierarchien, Formen und Regeln. Schwierigkeiten überwindet er durch zähen Einsatz. Er hat Zivilcourage. *Seine Schattenseiten sind:* Autoritär, konservativ, engstirnig, überstrukturiert, pedantisch, unnahbar, scheu, kontrolliert, trocken zu sein. Er kann zu Ehrgeiz und Karrierestreben neigen, oder sich zu sehr nach gesellschaftlichen Normen richten.

Energetische Struktur: Klarheit und Festigkeit

- mit Disziplin und Verantwortung das Leben meistern
- Ziele setzen und erreichen
- Leben, um zu arbeiten

Negative Formen: Ehrgeiz, Härte, Kompromisslosigkeit

Leitbilder: Patriarch, weiser Einsiedler, Staatsdiener der dem König, jedoch an erster Stelle dem Volk dient.

Die Symbolik des astrologischen Zeichens Saturn bedeutet: Materie wird von der Seele getragen (Das Kreuz symbolisiert die Materie).

Lernziel:

Gefühle und spielerische Seite des Lebens zulassen, Materie überwinden; erkennen, dass Geist stärker ist als Materie.

Um das Lernziel zu erreichen kann das sich Befassen mit symbolischen Gegenständen des Urprinzips Saturn helfen: Unter anderem beispielsweise: Tiere; Pflanzen: Efeu; Steine: Bergkristall, Diamant; Bachblüten: Nr. 3, 4, 7, 16, 18, 20, 22, 27, 35 oder astrologische Planetentropfen Saturn und Steinbock usw.

Der Diamant*, der in tiefster Erde entstand, ist Symbol des reinen Lichtes. Saturn wird auch als „Hüter der Schwelle" bezeichnet, gemeint ist der Schwellenwert zwischen Materie und Geist. Mythologisch entspricht Saturn dem Himmelsvater Uranos. Die Prophezeiung des Orakels von Delphi sagte ihm voraus, dass er durch die Hand seines eigenen Sohnes entmannt werde. Deshalb frisst Saturn alle Kinder von Gaia, die Titanen auf, er will die Zeit seiner Entmannung verhindern; er wird dadurch zu Chronos, dem Gott der Zeit. Gaia beschützt ihren Sohn Jupiter, dieser entmannt seinen Vater nicht, sondern entmachtet ihn und wird dadurch Vater des Olymps. Saturn, der als Herrscher grausam und hart zu den Menschen war, fördert diese nach seiner Entmach-

tung. Saturn wird deshalb auch als Januskopf bezeichnet, er hat zwei Gesichter; dem in der Materie verhafteten Menschen zeigt es sein hartes, unnachgiebiges Antlitz. Überschreitet der Mensch aus eigenem Antrieb die Schwelle zur geistigen Welt, dann wird er vom Urprinzip Saturn gefördert.

* (auch Bergkristall)

Zusammenfassung

- Es gibt körperliche, psychologische und seelische Krankheitsursachen.

- Der Mensch verfügt über mehrere Energiekörper und je ein persönliches und ein seelisches Bewusstsein.

- Nur das Seelenbewusstsein besitzt den freien Willen. Es wird auch als innerer Mensch bezeichnet.

- Kommunikation mit dem Seelenbewusstsein ist grundsätzlich nur über das Unterbewusstsein möglich, sie kann nur sehr selten vom Kopf direkt hergestellt werden.

- Das intellektuelle, bewusste und unbewusste Denken ist materieller Art, und kann deshalb die Verbindung mit der geistigen Ebene nicht erzwingen.

- Das Unterbewusstsein reagiert auf Bilder, Symbole, Energie und Rituale. Es hat einen eigenen Willen, kann blockieren, oder fälschlicherweise eine Seelenverbindung vorgaukeln.

- Schulmedizin gründet auf der naturwissenschaftliche Sichtweise der „Berliner Schule". Bei dieser Interpretation des Lebens existieren weder Seele noch Energiekörper unabhängig vom Körper. Energien des Bewusstseins, Mentalkraft, Gefühlsstärke oder andere subtile Energieformen werden, falls vorhanden vom organischen Körper erstellt und entschwinden mit dem Tod des Leibes endgültig.

- Alternativmedizin vertritt die Auffassung, dass der Mensch ursprünglich ein geistiges Wesen und seine Seele, unabhängig vom Körper, unsterblich sei. Demnach kann Bewusstsein auch ausserhalb des Körpers existieren. Geist als Urbaustoff ist stärker als Materie und kann diese verändern. Alternativmedizin ist überzeugt, dass die Selbstheilungskraft des Menschen aktiviert und verstärkt werden kann. Die Konsequenz davon ist, dass geistige, mentale Kräfte in Form von Gedanken, Ritualen oder Symbolen, heilend wirken. Bewusstes und unbewusstes Denken sind mentale Kräfte, sie erreichen selten die Seelenebene. Meditation oder Rituale sind dazu geeignete Wege. Die Seele verlässt beim Tod den physischen Leib und lebt ewig weiter.

Seelische Kommunikationsmöglichkeiten

Gebet

Die älteste bekannte Kommunikationsmöglichkeit ist zweifellos das Gebet. Noch heute gibt es weltweit zahlreiche Pilgerorte, wo immer wieder von Wunderheilungen berichtet wird. Diese Art der Heilung würde grundsätzlich allen Menschen offen stehen, das intellektuelle Denken blockiert diese mit seiner Beweissucht und seinen Glaubenssätzen jedoch vielmals.

Meditation

Ist eine weitere Verbindungsmöglichkeit. Hier wirkt erschwerend, dass mehrheitlich östliche Übungen angeboten werden, welche für Abendländer schwer auszuführen sind. Exerzitien sind eine westliche Meditationsform, mit Kontemplieren (Sinnieren), die die Verbindung zur inneren Quelle allen Seins sucht.[11]

Mentaltraining

Mentaltraining wurde vor allem durch den Spitzensport populär. Positiv Denken hilft nur, wenn keine unbewussten Komplexe dagegen wirken. Mentaltraining erreicht sehr selten die Seelenebene, da das intellektuelle Kopfdenken das geistige Urprinzip der Göttlichkeit zwar anstreben, aber ohne den Umweg über das Unterbewusstsein nicht erreichen kann.

Hypnose ist ein Türöffner zur Kommunikation mit dem Unterbewusstsein, sie erzeugt einen besonderen, meditativen Bewusstseinszustand. Es gibt zwei Formen; die Heterohypnose und die Selbsthypnose. Die erstere wird von einer Fremdperson eingeleitet. Macht der Klient mit, handelt es sich jedoch trotzdem um eine Selbsthypnose, wie der nachfolgende Abschnitt zeigen wird. Die bekannteste Form der Selbsthypnose ist das Autogene Training, auf diese ausgezeichnete Stressabbaumethode wird in einer späteren Fibel näher eingegangen.

---

11   Siehe „Fibel der verlorenen Mystik" im März, oder die bereits publizierte Serie des Handbuches „Liebe" von der Autorin.

Hypnose uralt und unerklärlich

Einführung

Schon die alten Ägypter kannten die Hypnose in Form des Tempelschlafes. Heute ist sie als Hypnotherapie aus dem Dornröschenschlaf des Mittelalters erwacht. Moderne Therapeuten schätzen ihren Wert hoch ein, trotzdem wird sie noch von vielen als „Teufelszeug" gefürchtet. Viel Aberglaube wurde durch das aufgeklärte Zwanzigste Jahrhundert als Humbug entlarvt. In Nischen ist jedoch das irrationale, magische Denken immer noch zu

Hause. Kann David Copperfield vielleicht nicht doch ein wenig zaubern oder jener Showhypnotiseur kann doch bestimmt manipulieren, oder? Was Menschen nicht verstehen, macht ihnen Angst. Obwohl die medizinische Forschung grosse Fortschritte gemacht und viel Aufklärungsarbeit geleistet hat, kennt sie das Wunder Homo sapiens nicht bis ins letzte Detail. Bis heute ist die Bewusstseinsveränderung durch Hypnose nicht wissenschaftlich erklärbar, ihr therapeutischer Wert wird jedoch geschätzt. Sie wurde von den modernen Therapieformen nicht verdrängt. Im Gegenteil, neue Erkenntnisse haben bewiesen, wie eng Körper und Psyche verknüpft sind. Aus diesem Grund verbreitet sich die alte Hypnosetherapie wieder mehr. Modernes Wissen konnte ihr allerdings immer noch nicht ganz den okkulten Schleier abnehmen. Viele Menschen sind gleichermassen von ihr beeindruckt, wie sie sie, zu Unrecht, fürchten.

Manipulation oder Zauberei?

Solange etwas vom Schleier des Geheimnisvollen und Unbekannten verhüllt ist, fasziniert es im gleichen Masse, wie es unheimlich ist. Wer möchte schon verhext werden oder gar die eigene Kontrolle verlieren? Und gerade dies gaukelt die Bühnenhypnose doch meisterhaft vor. Sie zeigt Menschen, die starr wie ein Brett über zwei Stuhllehnen liegen, wie Hunde bellen oder andere unerklärliche Dinge tun. Sind sie voll dem Magier ausgeliefert und befinden sich in einer anderen Welt, oder nicht? Was der Durchschnittsmensch am meisten fürchtet, ist die Kontrolle über sich selbst zu verlieren. Das wäre ein todähnlicher Zustand und den fürchten Menschen in der Regel mehr als alles andere auf dieser Welt. Selten möchte sich jemand freiwillig völlig einem Mitmenschen ausliefern. Also Hände weg von Hypnose? Nein. Ein gesunder Kontrollmechanismus bewahrt in der Regel davor, die totale Selbstkontrolle zu verlieren, deshalb wehren sich Menschen zu Recht gegen manipulative Versuche, zu denen Hypnose *nicht* gehört. Manipulation - nein danke! Trotzdem werden Erdbewohner dauernd von der Gesellschaft, Werbung, Medien und Mitmenschen subtil manipuliert. Kann ein gewöhnliches Gespräch am Kaffeehaustisch nicht auch Überredung sein? Und erwarten viele vom Therapeuten schlussendlich nicht, dass er etwas gegen ihre Probleme unternimmt, sie „beeinflusst", damit sie wieder beschwerdefrei, gesund und munter werden? Wo liegt die

Grenze? Wer sich einmal in die Höhle des Löwen gewagt hat und eine (übrigens garantiert absolut ungefährliche) ethische Hypnose über sich ergehen liess, weiss, dass die scheinbare Zauberei in der Hypnoseshow halt eben doch mehrheitlich Täuschung war. Im hypnotischen Zustand begibt man sich weder in eine andere Welt, noch verliert man völlig die Kontrolle über sich, im Gegenteil, der Alphazustand[12] ist in der Regel so vertraut und „gewöhnlich", dass viele nach der Ersthypnose etwas ernüchtert fragen: „War das alles"?

Hypnotische Zustände sind so vertraut, weil sich Menschen täglich darin befinden können. Hypnose hat nichts mit Schlafen zu tun, wie der Name fälschlicherweise vorgaukelt, sondern bedeutet vereinfacht gesagt, die Konzentration auf eine Idee, „Monoideismus", wie der treffende Name lauten sollte. Haben Sie noch nie fasziniert ein Buch gelesen und dabei Raum und Zeit vergessen? Sie konzentrierten sich auf die Idee des Buches und waren dadurch in einem hypnotischen Zustand. Sie suchen etwas und sehen dreimal an derselben Stelle nach, um es erst beim vierten Mal genau an diesem Ort zu finden; wie ist das möglich? Sie befanden sich für kurze Augenblicke in einer negativen Halluzination, einem bekannten hypnotischem Phänomen. Wenn Sie der Hypnosetherapeut in Trance versetzt, dringen trotzdem alle Umgebungsgeräusche an Ihr Ohr. Sie können, wenn Sie wollen, auch jederzeit Ihre Augen öffnen, um die Sitzung zu beenden. Kein Hypnotiseur der Welt kann Sie gegen Ihren Willen hypnotisieren, denn jede Tranceeinleitung ist eine Selbsthypnose. Ein Hypnosetherapeut kann Ihnen nur suggerieren, was Sie bereit sind anzunehmen.

Ungeahntes kreatives Potential nutzen

Jede Hypnose ist von einer tiefen Entspannung begleitet und darin liegt unter anderem ihr grosser therapeutischer Wert. Durch die Entspannung kann der Klient sein schöpferisches und kreatives Potential, das vielleicht bisher unerkannt in seinem Unterbewusstsein schlummerte, besser verwirklichen und dadurch, mit Hilfe des Therapeuten, Lösungen für viele belastende Probleme finden. Hypnose beeinflusst das Unterbewusstsein bis zu

---

12   Gehirnschwingungsfrequenz 10 - 14 Hz; entspricht leichter Trance

einer bestimmten Grenze. Der Therapeut drängt das Bewusstsein des Klienten - mit dessen Einverständnis - etwas in den Hintergrund, damit sich bisher unbewusste Fähigkeiten besser entfalten können. Natürlich braucht es dazu ein ethisches Bewusstsein des Hypnosetherapeuten und eine besondere Vertrauensvorgabe vom Klienten. Einen guten Therapeuten erkennt man bereits beim Vorgespräch. Dieses dauert in der Regel mehr als eine Stunde und informiert umfassend über die Hypnosetherapie. Ausserdem wird ein seriöser Hypnotiseur die vorgesehene Hypnose vor Beginn der Sitzung im Detail besprechen und sich nur an die besprochenen Techniken und den vorher festgelegten Zeitrahmen halten. Hypnosetherapie kann nicht nur schlummernde kreative Fähigkeiten wecken, sie kann auch bei vielen psychischen und gesundheitlichen Problemen die Selbstheilungskräfte des menschlichen Körpers aktivieren. Verschiedene Ängste (Zahnarzt, Prüfung, Vortrag, Phobien), Erröten, Ticks, Bettnässen, Schulprobleme, Lampenfieber, Schreibkrampf, Zähneknirschen, Allergien, sind nur einige der Fälle, wo Hypnotherapie helfend eingreifen kann. Chronische Schmerzzustände können positiv beeinflusst werden, selbst schmerzfreie Operationen ohne Narkose sind durch Hypnose möglich. Allerdings ist hierbei die Motivation des Klienten für den Erfolg ausschlaggebend. Bei krankhaften Zuständen arbeitet der verantwortungsbewusste Hypnotherapeut immer Hand in Hand mit der medizinischen Betreuung zusammen.

Praxis der Hypnose

Der schottische Arzt Dr. Braid erfand 1843 den Namen Hypnose - was Schlaf bedeutet und somit eigentlich falsch ist. Richtig müsste es heissen: *Monoideismus*, auf eine Idee fokussiert. Durch Dr. Braid begann die moderne Hypnoseforschung. Die älteste, bekannte Hypnoseanwendung ist der ägyptische Tempelschlaf. Sigmund Freud hat sich ebenfalls mit Hypnose beschäftigt, er hatte allerdings wenig Erfolg damit, weil er als Hypnotiseur zu autoritär war. Der eigentliche „Hypnose-Papst" war Milton Erickson.

Jede geistig gesunde Person ist hypnotisierbar, wenn sie damit einverstanden ist. Für Hypnose besonders geeignete Berufsleute sind oft Schauspieler, Soldaten, Künstler. Schwer hypnotisierbar sind alte, zwangsstrukturierte oder intelligenzmässig stark zurückgebliebene Menschen.

Kontraindikationen für Hypnose:

- endogene Depression*[13]

- starke Hysterie*

- Schizophrenie*

- Sektenabhängigkeit[14]

- Hypnose ist kein „Allerweltsmittel", kein Heilmittel.

Ratschläge für erfolgreiche Hypnose

Das Erstgespräch sollte mindestens neunzig Minuten dauern, dabei wird ein Rapport[15] zum Klienten aufgebaut. Im Gespräch wird das Problem eingegrenzt. Es wird nach eventuellen früheren Hypnoseerfahrungen und den damit verbundenen Reaktionen gefragt. Manchmal ist ein Klient von einer bestimmten Einleitungstechnik überzeugt und es ist hilfreich für den Therapeuten, diese zu kennen, damit er sie bei der Ersthypnose gegebenenfalls ebenfalls anwenden kann. Bei Ehepaaren werden die Gespräche zuerst einzeln geführt, später kann möglicherweise eine gemeinsame Aussprache sinnvoll sein. Mit Kindern wird zuerst im Beisein der Eltern gesprochen, später unterhält sich der Therapeut, mit Erlaubnis der Erziehungsberechtigten, allein mit dem Kind. Dabei darf er weder das Vertrauen der Eltern noch das des Kindes missbrauchen. Jede Therapie sollte mit Unterstützung der Fa-

---

13   *): In diesen Fällen ist eine medizinische Behandlung erforderlich. Bei der endogenen Depression verändert Hypnose den depressiven Zustand nicht, könnte aber Mut zum Selbstmord geben.

14   Hypnose fördert den Individualisierungsprozess, was bei Sektenabhängigkeit natürlich nicht erwünscht ist

15   Vertrauensverhältnis

milie erfolgen.[16] Jede Hypnose ist eine Selbsthypnose, der Klient behält stets die Kontrolle. Phantasie und Visualisationsfähigkeit werden stark angeregt, Lügen wird dadurch ebenfalls einfacher.

Es kann nichts suggeriert werden, was dem Bewusstsein des Klienten widerspricht, er kann jederzeit eine Hypnose unterbrechen.[17] Während der Hypnose kann verstärktes Herzklopfen auftreten, dies entsteht durch die Entspannung und dem damit verbundenen leichten Absinken des Blutdruckes. Bei einer starken Erkältung sollte man keine Hypnose durchführen. Ängstlichkeit kann behandelt werden, bei einem schweren Widerstand ist der Erfolg dagegen sehr schwierig.

Wie formuliert man Suggestionen?

Es ist darauf zu achten, Verneinungen oder negative Formulierung zu vermeiden.[18] Suggestionen müssen positiv, glaubhaft, persönlich und kurz sein. Mit der Suggestion wird der Klient in eine möglichst reale Situation hineingeführt, er soll sich das Ziel der Suggestion möglichst bildlich vorstellen.

Beispiele bei Angst

„Ruhe und Geborgenheit durchströmen mich jederzeit; meine Drüsen arbeiten ganz normal; ich bin ruhig und gelassen. In meinem Innern ist eine grosse Geborgenheit und Ruhe, ich bin beschützt, mein Nervensystem und meine Drüsen arbeiten ganz normal, ich bin ruhig und geborgen. In meinem Innern ist eine Kraft, die mich beschützt und immer mit mir ist. Ich bin ganz ruhig, mutig, geborgen und beschützt. In jeder Situation des täglichen Lebens bin ich ruhig, gelassen, beschützt, sicher und mutig."

---

16   Stärkt die Motivation

17   ein Rapportverlust findet statt

18   „Ich bin nicht krank" ist eine negativ Formulierung; richtig heisst es: „Ich bin gesund".

Posthypnotische Suggestionen[19]

Diese allgemeinen Suggestionen werden mit Vorteil bei jeder Hypnose gegeben: „Mit jeder weiteren Hypnose gleiten Sie schneller und tiefer in den angenehmen Entspannungszustand. Jeden Tag werden Sie entspannter und gelassener und Ihre Gefühle von Selbstvertrauen und Selbstkontrolle verstärken sich immer mehr. Wenn Sie sich in einer unangenehmen Situation befinden, werden Sie automatisch mit geschlossenen Augen rückwärts von 5 - 1 zählen und bei 1 werden Sie sich ruhig und entspannt fühlen."

Das Milton Erickson Modell

Erickson verwendete sehr oft die Technik der Hypnose nebenbei; er erzählte den Klienten Geschichten und diese waren durch das Zuhören sehr oft schnell in tiefer Hypnose, ohne dass sie es bemerkten. Zur Zeit von Erickson war die Hypnose sehr autoritär und hatte den zweifelhaften Ruf der Bühnenhypnose. Erickson verstand es meisterhaft, seinen Klienten die Illusion einer Auswahl zu vermitteln. Er weckte Erwartungshaltung, dass etwas geschehe durch untergeordnete Zeitsätze wie: „Möchten Sie sich bequem hinsetzen, bevor Sie in Trance gehen?" Durch „Schlangensätze" beschäftigte er das Bewusstsein, dabei fasst das Unterbewusstsein wichtige Schlagwörter auf und realisiert diese. Erickson war Meister darin, das Bewusstsein zu verwirren und dadurch erreichte er direkt das Unterbewusstsein. Er verstand es, den „Monoideismus pur" umzusetzen: je stärker der Klient seine Aufmerksamkeit konzentriert respektive konzentrieren muss, desto tiefer wird der erreichte hypnotische Zustand. Bei einer Patientin mit Midlife-Crisis half Erickson beispielsweise damit, ihre positiven Erfahrungen wieder in die Gegenwart zu bringen. Sein Hypnoseeinleitungssatz lautete: „Ich möchte, dass Du dir Zeit lässt in Trance zu gehen und dass Du nicht zu schnell in Trance gehst". Dem Begleiter der Klientin empfiehlt er das Gesicht seiner Begleiterin zu beobachten, wohl wissend, dass jemand, der eine hypnotisierte Person intensiv beobachtet, automatisch auch in Trance kommt. Erickson benützte

---

19   Wirken nach Beendigung der Hypnose weiter

oft Negationen, um das gewünschte Ziel zu erreichen. Er suggerierte: „kühl, aber nicht zu kalt" indem das Gehirn damit beschäftigt ist, nicht zu viel Kälte zu erzeugen, entsteht automatisch die gewünschte Kühle.

Bei einer Filmaufnahme, die Milton Erickson bei der Arbeit zeigt, hat seine Patientin während der Hypnose die Augen offen und einen Arm in der Luft (Levitation). Erickson beendet die Hypnose und spricht mit der Klientin, während ihr Arm immer noch hoch in der Luft ist. Mit einer posthypnotischen Suggestion hatte er ihr befohlen, ihr Arm werde sich erst wieder normal anfühlen, wenn er ihr sage, sie solle ihren Stuhl bewegen. Er unterhält sich mit ihr über ihren Arm, der wie sie sagt, sich irgendwie „komisch" anfühlt. Erickson benutzt Reaktionen seiner Klienten wie lachen, Augen öffnen usw., um die Hypnose zu vertiefen, indem er beispielsweise sagt: „Das ist lustig und gleichzeitig sinkt ein Teil von Dir immer tiefer und tiefer...".

Beispielsätze gemäss der Erickson-Methode:

„Möchten Sie noch einmal tief ausatmen, bevor Sie noch tiefer in den Entspannungszustand sinken? Spüren Sie gut Ihrem Gefühl im linken Arm nach, bevor sich Ihr rechter Arm langsam schwerelos in die Höhe hebt.

Ich weiss nicht, ob Du deine Brust- oder Rückenmuskeln schneller entspannen kannst? Ich weiss nicht, ob Du dich besser an deine Lehrerin oder an Deine rechte Sitznachbarin in der ersten Klasse erinnern kannst?

Möglicherweise bemerkst Du eine angenehme Wärme in Deinem rechten oder linken Arm, bevor Du spürst, wie Du noch tiefer in den Ruhezustand sinkst oder eine angenehme Leichtigkeit in Deiner Hand bemerkst, bevor sich Dein leichter Arm langsam hebt.

Sind Sie neugierig, wo sich der Entspannungsort befindet, den Sie aufsuchen, wenn Sie in Ihrem tiefsten Trancezustand sind?

Sie können jetzt schon beginnen, Ihren tiefsten Trancezustand zu erreichen, aber nicht zu schnell! Entspannen Sie sich weiter, damit Sie nicht zu schnell in Ihrem tiefsten Trancezustand sind.

Sie können beginnen, Ihren Ruhezustand zu vertiefen, während Sie alle störenden Gedanken stoppen. Sie können beginnen sich einen angenehmen Ruhezustand vorzustellen, während Sie alle störenden Spannungszustände in Ihrem Körper beenden.

Zum Glück muss ich nicht wissen, warum Sie sich an diese Situation nicht erinnern wollen. Ich bin froh, dass ich Ihnen nicht helfen muss, Ihre unangenehmen Erinnerungen an diesem Punkt nicht zu vergessen."

Hypnotische Phänomene

Eine Fremdhypnose nennt man Heterohypnose. Ohne Motivation des Klienten kann kein hypnotischer Zustand herbeigeführt werden, deshalb ist jede Hypnose eigentlich eine Selbsthypnose. Hypnotische Phänomene sind beispielsweise:

Halluzination

Positiv = etwas wahrnehmen, das nicht da ist, beispielsweise Zeit an einer nicht vorhandenen Wanduhr ablesen.

Negativ = etwas nicht wahrnehmen, das vorhanden ist, zum Beispiel wird suggeriert: auf mein Signal ist die Zahl zwischen 8 und 6 nicht mehr vorhanden, dieses Phänomen wird vor allem bei der Bühnenhypnose benützt. Der Versuchsperson fehlt die Zahl 7 nur so lange, bis sie sie im Wachzustand wieder sieht, deshalb ist diese Methode für therapeutische Zwecke nicht geeignet. Belastende Erinnerungen können damit nicht gelöscht werden, ebenso wenig mit der Amnesie.

Amnesie

Erinnerungsverlust wird in der Hypnosetherapie nicht verwendet, da sie in der Regel sehr kurzfristig anhält.

Anästhesie

Unempfindlich machen (Handschuhtechnik), dieser Zustand kann von vielen erreicht werden, aber nur, wenn die Motivation sehr stark ist.

Automatisches Schreiben

Kann benützt werden, wenn der Klient nicht zum Verbaldialog bereit ist. Wenn die Schrift unleserlich ist, kann man suggerieren, dass er die Schrift nach der Hypnose lesen kann. Wenn die Trance tief genug ist, kann der Klient sogar mit offenen Augen schreiben.

Charpenter-Effekt

Dieser Effekt wird auch „ideomotorische Bewegungen" genannt. Wenn der Klient während der Hypnose nicht verbal antworten mag, kann er aufgefordert werden, mit einer Fingerbewegung zu antworten. Die vier möglichen Antworten sind: „Ja, nein, ich weiss nicht, ich will nicht", Fingersignale werden individuell vereinbart.

Fremdhypnose

Gibt es nicht, eine Telefonhypnose ist möglich, wenn man mit dem Klienten schon vorher gearbeitet hat.

Katalepsie

Muskelstarre kann als Erfolgskontrolle beim Arm angewendet werden, in der Therapie wird sie nicht benützt. Vollkatalepsie wird oft von Bühnen-Hypnotiseuren angewendet und ist gefährlich, weil durch die Testbeweise, z.B. sich auf starre Person setzen usw., schwere innere Verletzungen erzeugt werden können.

Levitation

Arm hebt sich mit Hilfe der ideomotorischen Bewegungen, ohne

Muskelkraft! Dieser Zustand wird von neunzig Prozent der Klienten erreicht. Es ist ein Test der Hypnosetiefe und dient zur Vertiefung.

Magisches Denken

Irrationales Denken wird im Erstgespräch möglichst entkräftet.

Regression

Rückführung in der Zeit. Bei der Hypnosetherapie wird eine Rückführung bis ins Kindesalter (6 - 7 Jahre) bejaht. Sie wird aber nur wenn unbedingt notwendig angewendet. In der Regel gibt es in der Therapie viele Techniken, die erfolgversprechender als die Rückführung sind. Nicht jedes Problem beginnt in der Kindheit!

Revivikation

Rückführung mit Einbezug der körperlichen Reaktionen, dies kann je nach Stärke des traumatischen Erlebnisses traumatisch sein.

Royal-Touch

Das Übergeben der Heilkraft auf eine bestimmte Situation.

Somnambuler Zustand

Während der Hypnose aufstehen und umhergehen mit offenen Augen.

Aufwecken

Der Therapeut ist voll und ganz verantwortlich, dass er seine Klienten ebenso kompetent aus der Hypnose zurückholt, wie er die Hypnose eingeleitet hat! Die Konsequenzen einer fehlerhaften oder unvollständigen Rücknahme nach Hypnose-Einleitungen können durchaus gravierend sein und sind Kunstfehler, die strafrechtlich verfolgt werden können!

Wo und wie Hypnose helfen kann

Indikationsauswahl mit Krankheitswert:[20]

- Asthma[21]
- Allergien[22]
- Bettnässen
- Anorexie/Bulimie
- Geschwulst
- Infektionen
- endogene Depression[23]
- Zahnschmerzen
- Brechreiz
- Herzbeschwerden
- Schmerzen
- Zähneknirschen usw.

Ohne Krankheitswert, geeignet für Hypnotherapie:

- Angst
- Phobien

---

20 nur in Zusammenarbeit und in der Verantwortung des behandelnden Arztes

21 Vorsicht!

22 Kann mit Asthma gekoppelt sein, Gefahr von asthmatischem Schock!

23 Vorsicht, kann Energie geben, den geplanten Selbstmord durchzuführen.

- Lampenfieber
- Ticks
- Schreibkrampf
- Erröten
- Prüfungsangst
- Angst vor dem Zahnarzt
- Schulprobleme
- Sport
- Warzen
- Stress (AT lernen) usw.

Mögliche Techniken des Hypnotiseurs:

- *Anker setzen:* In Hypnose in ein angenehmes Gefühl gehen, dann mit einer Bewegung einen Anker setzen, damit dieses Gefühl wieder geholt werden kann.

- *Berglöwe:* sehr gute Technik gegen Minderwertigkeitsgefühle. Bei Prüfungsangst zweimal ausführen, eine Woche vor dem Ereignis und am Tag des Ereignisses oder maximal einen Tag vorher, gut für mündliche Prüfungen, bei schriftlicher Prüfung nicht so wirksam.

- *Theatertechnik:* Person steht auf der Bühne, nicht in der Mitte und kann sehen, was hinter dem geschlossenen Bühnenvorhang passiert. Kennt sie jene Person? Wer ist sie, was sieht sie, usw., der Vorhang geht auf: Was sieht sie? Was wird auf der Bühne gespielt?

- *Bibliothektechnik:* Hier kann der Klient ein Buch (Thema) wählen. Wer eine Bibliographie aussucht, wählt im Prinzip sein eigenes Leben. Sobald der Klient gewählt hat, ihn über das gewählte Buch (Thema) ausfragen, eventuell vorlesen lassen. Diese Technik ist etwas kürzer als die Theatertechnik.

- *Puzzle-Technik:* Drei verschieden farbige Schachteln (rot, grün, blau), eine davon wählen lassen. In der Schachtel hat es ein Puzzle (das Problem), es zusammensetzen lassen (grösser und grösser) und dann mit Fragen das Problem eingrenzen.

- *Lerntechnik/Sandwich* (nach Dr. Arons / USA): zwei Karten vorbereiten. Karte Nr. 1: Lernziel und benötigtes Material notieren; Suggestion: „Was ich lese, bleibt in mir". Karte fünfmal lesen, dann in Entspannung gehen und in Trance die Suggestion der Karte Nr. 1 wiederholen. Dann im Wachzustand ungefähr zehn Minuten über das, was ich lerne, nachdenken. Karte Nr. 2: Suggestion: „Alles, was ich gerade gelernt habe, bleibt in mir und ich kann es jederzeit, wenn ich es brauche, zurückrufen". Karte fünfmal lesen, kleine Pause einlegen, etwas anderes tun, dann wieder Karte Nr. 1 nehmen.

- *Reframing:* In einen anderen Rahmen setzen. Ein Thema wird in einen anderen Rahmen, einen anderen Kontext gesetzt, beispielsweise mit einem ähnlichen Thema zu einem anderen Zeitpunkt.

Häufig sind die Veränderungen, die sich einstellen, dem Klienten gar nicht bewusst, da sie mehrheitlich auf unbewusster Ebene passieren. Grundannahme: Jeder Mensch ist in verschiedene Teilpersönlichkeiten aufgeteilt, dieses Modell erlaubt eine bessere Kommunikation mit dem Unterbewusstsein. Die Reframing-Technik kann mit jeder falschen Verhaltensweise gemacht werden (auch mit Krankheiten).

- *Katalytisches Bildererleben nach Leuner:* Dies ist ein psychotherapeutisches Verfahren mit verschiedenen Stufen. Es sollte nur von erfahrenen und gut ausgebildeten Therapeuten angewandt werden!

Mögliche symbolische Bilder:

- Wiese: kann der Zustand des Lebens bedeuten
- Berg : kann Einschätzung der Anforderungen sein
- Bach flussaufwärts: zurück zum Ursprung
- Bach flussabwärts (Meer, Wüste): kann Entwicklungsmöglichkeit anzeigen

- Haus: äusseres Erscheinungsfeld
- Waldrand: Geborgenheit, Schutz oder unheimlich, Gefahr

- Bezugsperson (Tier): Kraft; hier kann helfen: Kommunikation mit Gestalt, Tier berühren

- Boot; kann bedeuten: Unsicherheit des Lebens, gemütlich, gefährlich, wohin

- Höhle: Sex, Ort des Schutzes, Verborgenes, Dunkles

- Sumpf: wie Berg, Art des Lebenskampfes, Sex

- Meeresgrund: Unbewusstes

Symbolische Bilder können starke Reaktionen auslösen, deshalb sind sie nur im professionellen Rahmen anzuwenden. Die Deutung sollte immer dem Klienten überlassen werden.

Durch das Katalytische Bildererleben kann auf einer Ebene eine Form der Desensibilisierung stattfinden. Beispielsweise über den Bach, der oft mit Phobien verbunden ist, wird plötzlich eine Brücke gebaut. Das Katalytische Bildererleben kann mit einer anderen Therapieform kombiniert, oder kann mehrmals wiederholt werden. Am Schluss der Sitzung den Klienten Bilder malen lassen von den Situationen, die in der Hypnose gesehen wurden.

Zeitschiene

Regression bei Traumas und Missbrauch langsam auf der Zeitschiene zurückgehen, schrittweise, ausser, wenn der Klient sehr bewusst weiss, was geschehen ist, dann kann man schneller zurückgehen. Bei der Zeitschiene steht der Klient in der Gegenwart, links auf einer Linie befindet sich die Vergangenheit, rechts die Zukunft. Über der Zeitlinie schwebend kann der Klient jeden gewünschten Punkt aufsuchen und ein unangenehmes Problem beispielsweise in einen Sack stecken und über die Zeitlinie ins Nichts werfen, dies ergibt ein Loch in der Zeitschiene, dieses Loch kann mit einem angenehmen Erlebnis aufgefüllt werden.

Regressionen in frühere Leben schaffen sehr oft mehr Probleme, als das sie wirklich helfen!

Regressionen und psychotherapeutische Verfahren sind erfahrenen Therapeuten mit grosser Ethik und starker spiritueller Verbindung vorbehalten, da sie sonst oft in den Astralbereich, mit möglicherweise schädigenden Einflüssen, abgleiten können.

Fehlende Befriedigung beim Kleinkind

Bei Kindheitsproblemen kann die psychologische *Zeitschiene* helfen, sie wird in folgenden, vereinfacht dargestellten, Problem-Fällen angewandt:

Im Alter von 6 - 24 Monaten

Tritt beim Kleinkind während der oralen Phase eine Störung auf, kann sich das später als depressiver Charakterzug äussern. Die Bedürfnisbefriedigung war nicht gewährt, im Unterbewusstsein entsteht das Programm ungeliebt zu sein. Vielleicht waren die Eltern durch äussere Umstände (Leid, Armut) oder durch den Drang, alles perfekt machen zu wollen, überfordert. Das Kind war zu früh erwachsen, musste zu früh Verantwortung tragen, hat zu früh und zu viel mitgearbeitet. Drogenabhängigkeit oder Magersucht könnten mögliche spätere Symptome sein. Während der Kindheit war das Kind in der Regel „pflegeleicht", hatte immer die Tendenz, sich wegen seiner blossen Anwesenheit zu entschuldigen. Es war zuverlässig, pünktlich, sehr belastbar, traute sich nicht, seine Bedürfnisse anzumelden. Später ergreifen diese Menschen oft einen Beruf im Pflegebereich, als Pädagoge oder arbeiten in sozialen Berufen, verhalten sich dabei aber oft wie jemand, der am kalten Buffet verhungert, weil sie nicht gelernt haben, ihre Bedürfnisse zu befriedigen. Es sind in der Regel Menschen mit einem sehr angenehmen Charakter, setzten sich für andere selbstlos ein, verhalten sich solidarisch. *Negativer Charakterzug:* fühlt sich verantwortlich für das ganze Leid der Welt.

Lernziel: Geben und Nehmen ins Gleichgewicht bringen, Erfahrungen machen, das tun, wovor man Angst hat, sich etwas gönnen, sich selber lieben lernen, Fehler machen dürfen.

Im Alter von 2 – 4-jährig

Eine Störung während der Spielphase kann einen psychopathischen Charakterzug zur Folge haben. Es handelt sich hierbei um ein Kind, das nicht spielen durfte, es wurde „klein gemacht", unterdrückt, nieder gedrückt. Das Thema Vater, Macht, spielte in der Kindheit eine grosse Rolle. Daraus entsteht später eine grosse unbewusste Angst vor Zynismus und Spott. Als Erwachsener können es oft die Menschen sein, die man als „Uniformtyp" bezeichnet; mit breiten Schultern, leiden oft unter sexuellen Problemen. Charakterlich sind es sehr gute Planer, wollen immer die Situation im Griff haben, geben den Ton an, meistern problemlos brenzlige Situationen. *Negative Wesenszüge können sein:* Intrige, Neid, Missgunst, zwanghaftes Konkurrenzverhalten. Ist er im passiven Widerstand, so kann sich dies äussern als: Masochist, kleines unscheinbares Wesen, identitätslos, lebt in der Opferrolle, ist rigid, hart, ein Streithahn oder Workaholic.

Lernziel: Seine Wichtigkeit erkennen, Selbstbejahung, Akzeptanz lernen, braucht sichtbare Ergebnisse, muss spielen lernen, seine eigene Identität, seinen eigenen Plan finden, sich lösen. Arbeiten mit Wasser, Phantasie, Träume, Meditation.

Im Alter von 4 – 6-jährig

Eine Störung während der genitalen Phase kann später hysterische Charakterzüge erzeugen. Dieser Mensch braucht dann viel Beachtung und hat ein starkes Geltungsbedürfnis. Als Kind wollte er/sie den gegengeschlechtlichen Elternteil heiraten. Daraus entsteht die Betriebsnudel oder jemand, der sich als Störfaktor zwanghaft heraushebt, auffällt, übertreibt, grell geschminkt ist. Hat sehr hohe Erwartungshaltung und deshalb Ausbildung nicht nötig, möchte immer gleich im zwölften Stock einsteigen, braucht Show und braucht Anerkennung. Es ist ein positiver Denker, der seine Fehler stets beschönigt.

Lernziel: Die Evolutionslinie in anderen Kulturen studieren, erkennen, dass Wahrheit und Gerechtigkeit relativ sind. Befreiung des inneren Kindes, mehr tanzen, mal etwas Dummes tun, Freude haben dürfen.

Im Alter von 6 – 8-jährig

Eine Störung während der Phase kann einen schizoiden Charakterzug zur Folge haben. Daraus ergibt sich ein stark gestörtes Urvertrauen. Dieser Mensch lebt zu zwei Dritteln im Kopf und einem Drittel im Körper, hat für alles eine Erklärung, ist aber emotional nie richtig dabei. Kann keine innere Ruhe oder inneren Frieden erleben, hat Angst davor, ebenso wie vor der Gemütlichkeit. Das vegetative Nervensystem ist stark überfordert; es ist der emotionale Selbstversorger, der mit der Freiheit und nicht mit einem Partner verheiratet ist. Nach aussen zeigen diese Menschen oft eine clevere, coole, selbstsichere Art. Sie können jedoch den Seinszustand des grossen Glücksgefühls nicht mehr erleben.

Lernziel: Urvertrauen stärken in der Natur, mit Holz und Erde arbeiten. Innere Sicherheit, innere Stabilität, erarbeiten, Wurzeln fassen, sich massieren lassen und sich Streicheleinheiten geben lassen.

Mögliche generelle Techniken in Hypnose

Schmerz/Trauma (Unfälle)

Chronische Schmerzen oft nach Abschluss der medizinischen Behandlung brauchen drei bis vier Hypnose-Sitzungen. Im Gespräch wird der Schmerz eingekreist; ist der Klient bereit, den Schmerz loszulassen? Bei der zweiten Sitzung folgen wieder ein Gespräch und die Entspannungshypnose, die Ankertechnik wird gelernt. Mögliche Fragen sind: „Wann ist der Scherz am schlimmsten? Gehört der Schmerz zu Ihnen oder zu jemand anderem? Wer kontrolliert ihn?" Bei der dritten Sitzung erfolgt die zweite Hypnose; sie führt in eine Situation, wo der Klient Chef ist. Dieses Gefühl der Kontrolle, die Situation im Griff zu haben, auskosten lassen. Dann wird vorsichtig in den Schmerzzustand und anschliessend wieder zurück in die Situation der Kontrolle geführt. Meistens wird mit Direktsuggestionen gearbeitet. In der vierten Sitzung folgt die Technik Reframing; es wird ein Dialog mit dem schmerzenden Körperteil gehalten. Nach der Hypnose wird ein Test in der Realität durchgeführt, er führt aber nie weiter als bis zum ersten Schmerzsignal. Wenn jemand den Schmerz noch nicht ganz loslassen will, kann er lernen, den Schmerz an einen anderen, weniger unangenehmen Ort zu bringen.

Anker setzen

Zuerst eine Bewegung festlegen, beispielsweise den Fingernagel eines Fingers an einen anderen drücken oder irgendeine andere Bewegung, dann in einen angenehmen Entspannungszustand gehen und sich selber einreden (evtl. auf Band aufnehmen und abspielen): „Immer wenn ich die (vorher festgelegte) Bewegung mache, blockiere ich damit alle Schmerzleitungen und fühle nur noch wunderbare Ruhe und Geborgenheit. Solange ich die Bewegung mache, bin ich völlig frei von Schmerzen und fühle mich ganz wohl. Nichts kann mich dann stören und ich spüre nur diese angenehme Ruhe und ein wunderbares Gefühl der Geborgenheit. In Zukunft wird jedes Mal, wenn ich diese Bewegung mache, aller Schmerz verschwinden. Er klingt aus und kommt nicht wieder. Es genügt, in Zukunft diese Bewegung zu machen und ich bin sofort frei von allen Schmerzen, fühle mich wohl und geborgen".

Allergien

Erste Frage: „Leidet die Person unter Stress?" Allergie ist eine Art Phobie des Immunsystems. Zuerst wird die Allergie mit Fragen eingekreist: „Wann beginnt sie? Wie lange dauert die Reaktion? Gibt es Juckreiz, Durchfall? Was ist die erste Reaktion? Wann kommt sie? Braucht es Medikamente? Hat jemand in der Familie die gleiche Allergie?" Dann werden Suggestionen zur Stärkung des Immunsystems benutzt. Dabei entsteht folgendes Bild: Das Immunsystem hat einen kleinen Fehler und muss dies ändern; ein „Securitaswächter" des Immunsystems wird errichtet.

Suggestion: „Sie spüren, wie Sie immer entspannter werden. Sie sind entspannter und Sie bleiben jeden Tag ruhiger und gelassener. Stellen Sie sich vor, wie Ihr Immunsystem diesen kleinen Fehler beheben und korrigieren kann. Halten Sie einen Dialog mit Ihrem Immunsystem." NLP-Technik Plexiglas (auch bei Phobien anwendbar): Zuerst ein ähnliches Produkt finden, welches keine Allergien auslöst, bei Haselnussallergie beispielsweise Erdnüsse. Dabei wird folgendermassen vorgegangen: Peter ist in Hypnose: 1. Schritt: „Stell Dir Haselnüsse vor, spürst Du etwas?

Was?" 2. Schritt: „Stell Dir Erdnüsse vor, Erdnüsse essen ist für Dich kein Problem, da Dein Immunsystem Erdnüsse akzeptiert, geht es Dir wunderbar". 3. Schritt: „Vor Dir siehst Du eine Plexiglasscheibe, dahinter sitzt Peter und es geht ihm wunderbar, er isst Haselnüsse, er hat ein Immunsystem, das ganz normal funktioniert". 4. Schritt: „Jetzt stell Dir vor, wie Peter hinter der Scheibe in Dich hineinschlüpft und Du damit sein normales Immunsystem übernimmst". (Schritt 2 - 4 wiederholen). 5. Schritt: „Stell Dir Haselnüsse vor und erinnere Dich, dass Du nun ein normales Immunsystem hast". 6. Schritt: „Wie war Dein Gefühl bei dieser Vorstellung"?

Abnehmen (Rauchen/Alkohol)

Zuerst wird die Motivation gut abgeklärt, keine Diät funktioniert ohne Motivation. Das Essverhalten wird untersucht und Anleitung zum Umstellen gegeben. Ernährungsberatung! Der Therapeut wird möglicherweise die medizinische Ursache abklären lassen. Mögliche Fragen sind: „Wie ist die Erbanlage? Wann begann das Gewichtsproblem? Was denken Sie, wenn Sie sich in einem Spiegel betrachten? Wie viele Diäten haben Sie probiert? Warum haben Sie wieder damit aufgehört? Wieviel Wasser trinken Sie pro Tag (drei Liter!)? Wieviel Bewegung haben Sie? Wenn Sie Ihr Zielgewicht erreicht haben, was verändert dies bei Ihnen? Was werden Sie wieder tun können? Was können Sie jetzt nicht machen? Haben Sie Unterstützung von Ihrer Familie?" Durch Hypnose kann nur die Motivation für das Einhalten des Diätplanes, des neuen Essverhaltens unterstützt werden. Der Klient muss lernen zu sagen: „Ich bin satt"! Die Suggestion muss der Motivation angepasst werden. Dabei wird der Therapeut aufpassen, dass nicht Anorexie/Bulimie daraus wird. Er wird den Klienten ermahnen, nicht jeden Tag auf die Waage zu stehen, einmal pro Woche reicht. Bei Alkohol-, Rauchen- oder Gewichtsproblemen muss die Motivation des Klienten hundertprozentig sein, damit mit Hilfe der Hypnose ein Erfolg verbucht werden kann!

Angst/Phobien

Es gibt drei Arten von Phobien: vor Tieren und Insekten, vor Situationen, vor Gesundheitsproblemen. Bei Zukunftsangst: Autogenes Training lernen!

Zuerst kontrolliert der Hypnotiseur, ob es sich um eine echte Phobie oder um einen Ersatz für ein anderes Problem handelt. Braucht die Person diese Phobie? Er wird zuerst Fragen im Gespräch stellen, evtl. später noch einmal in der Hypnose. Er wird die Wichtigkeit, Signal, Zeitpunkt des Beginns der Angst abklären: Wie war es beim ersten Mal? Wie lange dauert das Gefühl? Was tun Sie, wenn Sie das erste Signal spüren? Was kommt danach? Er wird so viel wie möglich fragen, um das Gefühl ganz einzukreisen, beispielsweise mit folgenden Fragen: „Was machen Sie mit Ihrer Angst? Wenn sie nicht nötig ist, finden Sie sie dann nicht lächerlich? Was meinen Sie, wie machen Sie Ihre Angst, was motiviert dazu? Ich kenne Ihre Angst nicht, was muss ich tun, damit ich diese Angst spüren kann? Sie sind der Angstexperte, wie machen Sie das? Was ändert sich bei Ihnen, wenn Sie diese Angst nicht mehr haben"?

Meistens handelt es sich um gelernte Ängste. Oft kommt diese Angst ganz plötzlich. Die Ursache ist versunken, war aber immer da, nur das Angstgefühl äussert sich ganz spontan (es ist ein Ventil für andere, grössere Ängste, beispielsweise die Todesangst). Die wenigsten Menschen können erklären, woher, warum sich dieses Gefühl ganz spontan geäussert hat. Die meisten tun etwas dagegen und verstärken damit die Angst (Erwartungshaltung). Phobien können Depressionen verstecken. Je früher die Phobien behandelt werden, um so grösser ist die Erfolgsquote. Die Motivation ist ausschlaggebend. Im Prinzip wäre es nicht schwer; die Person hat gelernt diese Angst zu erzeugen, sie kann auch lernen, diese wieder abzulegen. Angst in Form von Respekt gehört zum Leben. Jemand, der meint, gar keine Angst zu haben, verdrängt sie, dadurch blockiert sie oft unbewusst sein Handeln. Das Desensibilisieren der Angst kann drei bis vier Stunden oder länger dauern. Zur ersten Hypnose kann sich der Therapeut eine Liste mit fünf schönen Situationen bringen lassen. Je tiefer die Therapiehypnose ist umso besser. Im tiefsten Trancezustand wird der Therapeut vorsichtig in die schlimmste Angst führen, sobald die erste Reaktion kommt, wird er sofort in die angenehme Situation wechseln (auch im Gespräch). Ein Realitätstest ist möglich, aber nur in ganz kleinen Schritten (Liftphobie bis erste Etage, Tramphobie bis zur nächsten Haltestelle). Der Therapeut wird mit posthypnotischen Suggestionen arbeiten. Wenn jemand nicht zu einer langen mehrstündigen Sitzung kommen kann, wird er die

Arbeit auf mehrere Sitzungen verteilen, man sollte aber mindestens zwei Stunden pro Sitzung arbeiten.

NLP-Technik Beobachter: Das Gespräch verläuft gleich wie oben beschrieben. Er wird zuerst die Phobie vorstellen lassen, dann in die Situation führen, alles sehen, hören, spüren lassen, was es zu hören, zu spüren gibt. Den Klienten ganz mit der Phobie assoziieren. Danach will der Therapeut wissen, was der Klient gespürt hat? In Hypnose: ins Kino gehen. „In dem Vorführraum, durch das Fenster kannst Du mehrere leere Leinwände sehen. Vor jeder siehst Du deinen eigenen Hinterkopf, auf der innersten, kleinsten Leinwand siehst Du den Film mit Deiner Angst. Links neben der Leinwand ist ein kleiner Punkt, dort ist das angenehme Gefühl. Sieh Dir den Film an, sieh alles, spüre alles; dreissig Sekunden bevor die Angst kommt, gehe zum Punkt mit dem angenehmen Gefühl; dieses Vorgehen mehrmals wiederholen, bis der Film fertig ist, respektive bis das unangenehme Gefühl vorbei ist. Augen auf, erzählen, Augen zu. Zum zweiten Mal zum Film gehen. Nun den Film ansehen, er lauft rückwärts, Dauer wenige Sekunden, viermal zum angenehmen Punkt gehen. Beim fünften Mal mit dem angenehmen Gefühl zum Beobachter (sichtbarer Hinterkopf) gehen, mit ihm über die Angst und die damit verbundene Situation in Vergangenheitsform sprechen. Nochmals den Film anschauen - kein Angstgefühl mehr." Die Technik „ins Kino gehen" kann auch zu Hause, ohne Hypnose, geübt werden. Die Ursache kann aber allein nicht gefunden werden. Wenn die Phobie wieder kommt, die Ursache mit der Puzzle-Technik oder Regression (Zeitschiene) suchen. Wer bei einer Phobie auf die Hypnosetechnik nicht reagiert, versteckt in der Regel eine andere Angst dahinter. In Hypnose fragt der Therapeut dann: „Hat die Phobie ein Gesicht? Welches"? Dadurch kann er auf die Spur der echten Angst kommen.

NLP-Technik Angst: Der Klient stellt sich die Angst vor, geht ins Kino, sitzt irgendwo im Zuschauerraum. Die Leinwand ist leer. Klient stellt sich ein schwarz/weiss Foto von sich auf der Leinwand vor, sein Körper bleibt sitzen. Der Geist der Person geht in den Projektionsraum, er kann den Körper und die Leinwand sehen. Der Körper steht auf und geht in das Foto auf der Leinwand. Der Film (Thema Angst) beginnt sofort. Der Klient sieht und fühlt die Angst, bis der Film zu Ende ist und das angenehme Gefühl kommt. Er öffnet die Augen und erzählt. Augen wieder zu. Er verlässt den Vorführraum und setzt sich auf einen anderen Platz, wo er sich wohl fühlt. Im angenehmen Gefühl sieht er sich den Film rückwärts laufend an. Mit dem angenehmen Gefühl geht er in den sehr schnell rückwärts laufenden Film. Vom guten Gefühl her geht er durch die ganze Angst, durch den ganzen Tunnel hindurch, rückwärts bis zum Ausgang. Nach der NLP-Technik das gute Gefühl mit einer Hypnose verstärken. Dieses Switchen zu Hause jeden Tag zwei- bis maximal dreimal üben. Ungefähr nach einer Woche wiederholen. Test in Realität in kleinen Schritten vornehmen. Wenn der Klient sich die Angst nicht vorstellen kann, wird der Therapeut mit der Hypnosetechnik desensibilisieren.

Schreibblockade

Menschen, die darunter leiden, können überhaupt nicht oder nur sehr schwer von Hand schreiben. Oft sind Perfektionisten davon betroffen. Die Ursache kann beispielsweise in der Kindheit, im Blossstellen durch den Lehrer vor der ganzen Schulklasse, liegen. In Hypnose: Selbstvertrauen aufbauen! Posthypnotische Suggestion: „Sobald Sie beginnen zu schreiben, wird Ihr Handgelenk ganz locker, die Finger werden locker, der Druck des Schreibstiftes ist ein „Anker" für ein angenehmes Gefühl."

Warzen

Sobald sie vergessen sind, bleiben sie weg. Mögliche Direktsuggestion: „Die Warze verschwindet" oder: „Die Warze wird immer trockener und trockener". In England gab es einen jungen Mann, dessen ganzer Körper mit Warzen übersät war. Nach einer einzigen Hypnosesitzung war die Hälfte aller Warzen fort.

Zähneknirschen

Ist nicht immer psychisch bedingt! „Was sagt der Zahnarzt dazu? Wie steht es mit Aggressionen? Woher kommen sie, wohin gehen sie (oft sind sie gegen sich selbst gerichtet)"? Entspannung lernen, besonders im Kieferbereich! Aggressionen abbauen: Punchingball, Schattenboxen, Tai-Chi, Holzhacken, Squash.

Hypnose bei Jugendlichen und Kindern

Es braucht ein besonderes Talent oder ein Flair, um mit Kindern zu arbeiten. Grundsätzlich können bei Kindern alle Hypnoseeinleitungen benützt werden. Wichtig ist, dass der Therapeut die Kinder genauso ernst nimmt wie Erwachsene. Kinder sind generell einfacher zu hypnotisieren als Erwachsene. Kinder drücken Probleme oft in symbolischer Sprache aus.

Daumenlutschen/Nägelbeissen

Häufigste Technik Reframing oder katalytisches Bildererleben (auch bei Anorexie/Bulimie). Wenn Probleme auftauchen, diese genauso ernst nehmen wie bei Erwachsenen.

Stottern

Die Behandlung ist hierbei sehr erfolgreich. Stottern ist oft gekoppelt mit Hyperaktivität, doch diese Diagnose ist ein sehr dehnbarer Begriff. Nicht selten liegt der festgestellten Hyperaktivität eine Hypersensibilität zugrunde und diese sollte auch energetisch behandelt werden. Zuerst wird der Therapeut ein vertrauliches Gespräch mit dem Kind führen. Die Schweigepflicht (auch Eltern gegenüber) muss er sehr ernst nehmen, sonst ergibt sich ein Rapportverlust. Er kann Aktivitäten wie malen, modellieren, singen, tanzen, mit in die Therapie einfliessen lassen. Der Therapeut sollte sich dem Kind anpassen. Ironie und Sarkasmus werden von Kindern nicht verstanden. Die Techniken des Autogenen Trainings und der Hypnose werden von Kindern ebenso verstanden wie von Erwachsenen, wenn es ihnen richtig erklärt wird! Warum sollen sie etwas tun? Auch Kinder haben die Entscheidungsfreiheit zu entscheiden, ob sie an etwas arbeiten wollen oder nicht. Währen der Hypnose können Kinder öfters die Augen öffnen, dies hat nichts zu bedeuten, sie bleiben dabei in Trance. Ein Konkurrenzkampf zwischen Therapeut und Eltern ist möglich, so dass Eltern ihre Kinder plötzlich aus einem Kurs nehmen, weil dem Kind der Kurs zu gut gefällt. Jedes Kind sollte Autogenes Training (AT) lernen. Vor allem auch gesunde Kinder und nicht nur (wie üblich) verhaltensauffällige Kinder, bei denen dann der grosse Erwartungsdruck das Erlernen des AT sehr erschwert.

Rechen- oder Schreibprobleme

Haben häufig mit dem Verwechseln von rechts und links zu tun (Legasthenie) und können oft einfach und erfolgreich mit der von der Autorin, aus dem Brain-Gym (EDU-Kinesiologie) entwickelten ZABU-Methode, die mit Hypnose verbunden ist, gelöst werden.

Aggressionen

Entstehen oft durch zu grosse Sensibilität, auch dafür gibt es mediale, energetische und hypnotische Hilfe.

Selbsthypnose

Viele der besprochenen Techniken können auch in der Selbsthypnose angewandt werden. Es ist nicht schwierig, sich selbst in den Alpha-Zustand (entspannter Zustand mit verschärfter Wahrnehmungsfähigkeit) zu bringen. Wer Autogenes Training gelernt hat, kann dieses benützen und nach der Stirnübung die Techniken anwenden.

Etliche Menschen kommen bereits durch das Hören von Entspannungsmusik in den Entspannungszustand, es gibt zahllose entsprechende CDs. Nicht alle sind wirklich entspannend, hier gilt es auf das eigene Gefühl zu achten, wie sich die Musik anfühlt.

Eine ganz einfache Methode, um in Trance zu kommen, ist das Rückwärtszählen: Zählen Sie von 100 rückwärts auf 1, in der Mitte sind Sie garantiert im Alpha-Zustand, nur wird dieser Zustand oft falsch interpretiert, weil man einen aussergewöhnlichen Zustand erwartet. Jeden Morgen nach dem Aufwachen befinden wir uns einen Moment noch in diesem Zustand, er ist nicht aussergewöhnlich, man hört alle Geräusche, der einzige Unterschied ist, dass sie nicht wichtig sind. Die Energie folgt immer dem Bewusstsein. Wenn Sie den Alpha-Zustand erreichen wollen, dann werden Sie ihn erreichen. Denken Sie an die Situation des Baumes, der allein auf dem Feld steht. Ein Autofahrer verliert die Beherrschung über sein Fahrzeug und prallt ausgerechnet in den Baum, obwohl daneben viel leeres Feld war. Warum? Sein Blick fiel unwillkürlich auf den Baum und sein Unterbewusstsein hat dahin gesteuert, obwohl sein Kopf dachte: „bloss nicht." Wir erinnern uns; das Unterbewusstsein reagiert auf Bilder. „Nicht" ist eine intellektuelle Formulierung und kein Bild, das Bild war der Baum! Deshalb wirken Suggestionen, die eine Verneinung enthalten, immer in gegenteiliger Weise. Warum ist es falsch, wenn ich denke: „Hoffentlich werde ich nicht krank" (siehe Seite 35, Fusszeile Nr. 18)?

Positive Suggestionen

„Ich bin ganz ruhig und gelöst, vollkommen ruhig und gelöst".

„Ich bin in völliger Harmonie mit mir und meiner Umgebung".

„Freude, Licht und Tatkraft durchdringen mich, mein Tun strahlt positiv auf mich und meine Umgebung aus".

„Mein Schlaf ist tief und erholsam".

„Ich schlafe die ganze Nacht durch und fühle mich am Morgen erholt und ausgeruht".

Hilfreich bei Rückenschmerzen

„Positive, lichtvolle Gedanken erfüllen mich und bestimmen mein Leben in geistiger, körperlicher Gesundheit und Harmonie".

„Es geht mir von Tag zu Tag in jeder Hinsicht immer besser und besser, die heilige Energie wohnt in mir, schützt mich und erfüllt mein Leben".

"Meine Sicherheit, mein Selbstvertrauen und Gottvertrauen wachsen von Tag zu Tag und werden immer grösser und stabiler".

"Ich bin bereit, mich selbst und damit mein Leben zu ändern und mich vertrauensvoll in die Hände der grossen Geborgenheit zu begeben, die wie eine Sonne in mir und über mir strahlt".

"Mein Rücken ist frei von Schmerzen und Lasten".

"Meine Rückenmuskeln sind locker, meine Nerven völlig gelöst. Ich fühle mich wohl und bin ganz ruhig".

Kann Hypnose seelische Ursachen lösen?

Wie bereits erklärt, ist Hypnose ein Türöffner zur Kommunikation mit dem Unterbewusstsein. Dieses gehört, wie im Kapitel „Energiekörper" auf Seite 9 erklärt, zur natürlichen Persönlichkeit und ist der Sitz des Seelenbewusstseins. Um in den Kontakt des Seelenbewusstseins zu kommen, braucht es das Herz und den Verstand. Der Kopf, das intellektuelle Denken, fasst einen Entschluss; die Intelligenz und die innere Ethik überprüfen diesen Entschluss nach dem Motto:

„…an ihren Früchten werdet ihr sie erkennen…"

„Bringt mich dieser Entschluss im Leben weiter, ist er in Einklang mit den kosmischen Gesetzen, bringt er mir Freude, Harmonie, befreit mich"? Dann kann das Gefühl von Freude im Herzen entstehen und die Seelenverbindung kommt zustande. Dies ist kein magisches Geschehen, sondern ein natürlicher Zustand!

Hypnose, welche nur das mentale Denken benützt, wird die Seelenebene kaum erreichen. Das Bewusstsein des Hypnotiseurs ist ausschlaggebend. Auf welcher Ebene arbeite und lebt er oder sie? Hat er „nur" eine naturwissenschaftliche Ausbildung und ein entsprechendes Bewusstsein, wird ihm die Seelenebene verschlossen bleiben. Dabei kann er aber trotzdem sehr wertvolle Hilfe bieten, denn nicht alle Probleme sind auf der Seelenebene zu suchen. Ungefähr fünfzehn Prozent der heute inkarnierten Erwachsenen sind alte Seelen, sie sind oft sehr sensibel und feinfühlig. Für diese Menschen ist es wichtig, einen Therapeuten mit dem entsprechenden Bewusstsein zu finden.

Hypnosetherapie ist ein wertvolles Hilfsmittel und wer bei der Auswahl des geeigneten Therapeuten auf sein Herz- und Bauchgefühl hört, wird den richtigen Hypnotiseur finden. Oder er wird sich entscheiden, den Weg der Selbsthypnose zu wählen und den inneren Helfer um Hilfe bitten, denn wer bittet, dem wird geistiger Beistand gewährt.

Die Autorin: Marie Thérèse Rubin

Ihr Schreibtalent machte sich schon während der Kindheit bemerkbar; in der fünften Primarklasse gewann sie einen Aufsatzwettbewerb der Stadt Luzern. Später hat sie ihr Talent weiter entwickelt und während zehn Jahren, als Berufsjournalistin, Redaktorin und Chefredaktorin ausgelebt. Auf der Höhe ihrer Karriere war sie, trotz grossen Erfolgs, innerlich nicht erfüllt. Religion war ihr stets ein Thema gewesen und es zog sie mehr und mehr zum Beruf des Pfarrers. Sie fand ihre religiöse Heimat in der Orthodoxie. Hier zählten nicht Uni‑  studium, sondern die Priesterweihen, welche den ganzen Menschen erfassen. Sie ist heute geweihte Priesterin und Bischöfin. Marie Thérèse Rubin, hat sich während ihrem ganzen Leben ständig aus- und weitergebildet. Zahlreiche Diplome durfte sie entgegennehmen, sie ist u.a. ausgebildet in Astrologie, Reiki, Heilpraktik, Seelsorge, Notfallpsychologie und als Leiterin für ignatianische Exerzitien. Trotz ihres weiten geistigen Horizonts steht sie auch heute noch mit beiden Beinen im Leben. Als Familienmutter erfreut sie sich ihrer beiden Töchter und neu auch der Enkel. Mit ihrem Ehemann frönt sie das alte gemeinsame Hobby der Jugendzeit; wie vor 40 Jahren steigt sie auf sein Motorrad und beide erfreuen sich an schönen Ausfahrten. In der Zwischenzeit hat sie auch gelernt, die Maschine öfters mal selber zu fahren.

Wie in der Orthodoxie üblich, ist sie verheiratet und verdient sich ihren Lebensunterhalt mit einer ausserkirchlichen Arbeit, indem sie einen eigenen Verlag führt und Exerzitienbegleitungen anbietet.

Postanschrift:

- M.Th. Rubin, Postfach 370, 3422 Kirchberg, Schweiz,
- Mail: mt.rubin@gmx.ch, Home: www.rubinenergie.ch

Bereits erschienen von Marie Thérèse Rubin:

Die Serie, Exerzitienhandbuch „Liebe", Band 1 - 6, (erhältlich im Amazon-Kindle Shop als E-Book ISBN 978-3-9523938-0-2): Meditationen, ausgewählt nach dem Modell „Ignatianische Exerzitien im Alltag", begleiten den Leser während sechs Monaten und führen in einen individuellen Prozess der Selbstverwirklichung. Die gedruckte Ausgabe der Büchlein ist in Bearbeitung.

„Die heiligen drei Geheimnisse": Das spirituelle Sachbuch schildert anhand von Menschenschicksalen die geistigen Gesetze und zeigt auf, wie jedes Individuum sein Leben positiv verändern kann. Wie kann wahres Glück gefunden und im Alltag gelebt werden? Welches Geheimnis umgibt charismatische Menschen, warum schöpfen sie aus ihrer Seelenkraft und andere nicht? Hat die Persönlichkeit mehr als ein Bewusstsein? Überleben die Energiekörper den physischen Tod? Ist die Astralwelt die Ebene der Gotteserfahrung oder gibt es noch mehr? ISBN 978-3-9523938-6-4 erhältlich bei Amazon.

Die vorliegende Steinbock-Ausgabe der „Fibel über verlorene Mystik" mit dem Titel: „Hypnose als mediale Hilfe bei Rückenproblemen" verdeutlicht, wie durch astrologische Urprinzipien mögliche Ursachen für Probleme gefunden werden können. Die folgenden Fragen werden beantwortet: „Warum wirkt positives Denken nicht immer? Ist Hypnose gefährlich? Was kann mit Hypnosetherapie behandelt werden? Gibt es hypnotische Phänomene?" Die Tücken, die auf dem Weg zum Seelenbewusstsein lauern, sind erläutert und das Wesen der Hypnose ist aufgedeckt. Viele körperliche und psychische Leiden sind mehr als nur ein körperliches Problem, die Psychologie weiss längst, dass chronische Probleme entstehen, weil zu viel auf dem Menschen lastet. Energetische Ursachen sind bei sensiblen Menschen häufig und können mit energetischer Selbsthilfe geheilt werden.

ISBN 978-3-9523938-7-1

Die Reihe „Fibel über verlorene Mystik" wird fortgesetzt, sie befasst sich in loser Folge mit den Themen des astrologischen Tierkreises.

www.ingramcontent.com/pod-product-compliance
Lightning Source LLC
Chambersburg PA
CBHW042341150426
43196CB00001B/18